DEKORIEREN MIT BLUMEN

DEKORIEREN MIT BLUMEN

Farben, Räume, Jahreszeiten

Jenny Raworth/Susan Berry

FOTOGRAFIEN VON MIKE NEWTON

KÖNEMANN

Originaltitel: Decorating with Flowers

Könemann Verlagsgesellschaft mbH
Bonner Straße 126
D–50968 Köln

Übersetzung aus dem Englischen: Judith Kunze
(für Birgit Beyer)
Redaktion: Ralph Henry Fischer
Satz: Birgit Beyer

Projektkoordination: Dr. Birgit Wüller
Herstellung: Ursula Schümer

Druck und Bindung: Star Standard (Pte.) Ltd.
Printed in Singapore

ISBN 3-8290-3882-8
10 9 8 7 6 5 4 3 2 1

INHALT

EINLEITUNG 6

RAUMAUSSTATTUNG & BLUMENDEKORATION 11

DIE FARBWAHL 12
GEFÄSSE 18
GEFÄSSE VERZIEREN 24

STANDORTE FÜR BLUMEN 29

HALTBARER FENSTERSCHMUCK 30
Anleitung 32
Frühlingsvariante 33
Sommervariante 34
Wintervariante 35

KRÄUTER VOR DEM FENSTER 36
Anleitung 38
Frischblumenvariante 39

TISCH IM HERBST 40
Anleitung 42
Eine Herbstvariante 43
Ein Herbstbaum 44
Eine Sommerschale 45
Käse- und Früchtekorb 45

Schmuck für niedrige Tische 46
Anleitung 48
Eine lila Variante 49

Diele und Treppenaufgang 50
Herbstzierde für die Treppe 52
Variante fürs Treppenfenster 53
Dielendekor 54

Im Schrank Eukalyptus 56
Eukalyptustöpfe 58
Pracht auf dem Schrank 59
Blumen im Regal 60
Eine Blumenbühne 61

Künstliche Blumen im Kamin 62
Anleitung 64
Seidenblumen-Variante 65

Eukalyptus-Wandkranz 66
Anleitung 68
Trockenblumen-Kranz 69

Türkranz mit Kräutern 70
Anleitung 71

Besondere Anlässe 73

Tischläufer al fresco 74
Anleitung 76
Bunte Variante 77

Dinner bei Kerzenschein 78
Anleitung 80
Platzdekoration 81

Festlicher Wintertisch 82
Anleitung 84
Platzdekoration 85

Weihnachtsgirlande mit Früchten 86
Anleitung 88

Weihnachtskranz 90
Anleitung 92
Weihnachts-Fensterbaum 93

Duft im Haus 95

Frühlingsduft mit Zwiebelblumen 96
Ein Korb aus Weidenkätzchen 98
Variante mit Weidenzweigen 99

Lavendelaroma 100
Lavendel-Rosen-Korb 102
Eine Lavendel-Variante 103

Duftende Gartenrosen 104
Anleitung 106
Eine Pfingstrosen-Variante 107

Duftkugeln und Potpourris 108
Duftkugel mit Gewürznelken 110
Ein Duftpotpourri 111
Lavendelbälle 111

Materialien & Methoden 113

Materialien und Methoden 114
Für Frischblumen 114
Für Trockenblumen 115

Techniken für Frisch- und Trockenblumen 116
Vorgehen bei Frischblumen 116
Blumen vorbereiten 117
Frischblumen verschönern 118
Topfpflanzen 119

Vorgehen bei Trockenblumen 120
Blumen trocknen 120
Trocken- und Stütztechniken mit Draht 122

Blumenverzeichnis 124
Register 126
Nachweise 128

Einleitung

Blumen bringen Leben ins Haus. Ohne Blumenschmuck wird Ihrem Heim etwas fehlen – wie schön auch immer Sie eingerichtet sein mögen. Früher gehörte die Kunst des Blumenarrangements zu jeder Haushaltsführung und selbstverständlich auch zur Ausbildung einer jeden Hausfrau; Hausgärten waren dazu angelegt, außer Kräutern, Obst und Gemüse auch Schnittblumen für das Haus zu liefern.

Der heutige Lebensstil erlaubt dergleichen kaum mehr. Aber der Wunsch, gerade dem eigenen Heim eine schöne und natürliche Atmosphäre zu verleihen, ist unter dem Druck des modernen Alltags eher noch gewachsen. Und trotz allen Zeitdrucks können Sie sich diesen Wunsch mit einigen wenigen Fertigkeiten und ein paar erschwinglichen Materialien leicht erfüllen: Frischblumen, Topfpflanzen, Trockenblumen und sogar künstliche Blumen warten darauf, zu jeder Jahreszeit Leben, Wohlbehagen und Schönheit in Ihr Zuhause zu bringen.

Ein schlichter, freundlicher Sommerkrug voll frischer Pfingstrosen

▲ **Vorher**
Ein offener Kamin ist häufig der Blickfang eines Raums. Unbefeuert wirkt der Raum spürbar leer.

► **Nachher**
Ein Gesteck aus großen getrockneten und künstlichen Blumen belebt die tote Kaminnische. Näheres zu diesem Arrangement auf den Seiten 64–65

Blumen und Raumausstattung: eine Einheit

Jeder Einrichtungsstil ist individuell und spiegelt die Persönlichkeit und Vorlieben des Bewohners. Sollen Blumenarrangements zur Raumausstattung passen, müssen sie ebenso individuell konzipiert werden. Die Blumensorten, ihre Farben und ihre strukturelle Beschaffenheit sollten sich nahtlos und harmonisch in die Umgebung einfügen. Vertrauen Sie also Ihrer Kreativität und Originalität und experimentieren Sie getrost mit Ihren Blumenarrangements, um starke Farbkontraste, prägnante Blattformen und eindrucksvolle Gefäße gezielt zum Einsatz zu bringen. Freilich entstehen so gänzlich andere Dekorationen als jene oft leblosen »Gestecke« nach DIN-Norm, die früher auf Dorffesten Auszeichnungen erhielten.

Herbstliches Fallobst in einer Glasvase

▲ **Vorher**
Für eine Kommode in einer Zimmerecke ist eine einfache Dekoration mit Frisch- oder Trockenblumen vorteilhaft.

► **Nachher**
Locker arrangierte Gartenrosen (siehe S. 104f) mit Frauenmantel erwecken diese Zimmerecke sofort zum Leben. Ein Korb mit getrocknetem Lavendel hätte eine ebenso starke Wirkung (siehe S. 103).

In den meisten Häusern und Wohnungen gibt es kleine Brennpunkte, die gewissermaßen nach einem blühenden Gesteck oder einem langlebigen Pflanzenarrangement verlangen: auf einem großen Tisch oder vor dem Kamin, auf Regalen, in der Diele und auf Treppenabsätzen oder in einer Fensternische. Am besten wird ein Arrangement gelingen, wenn sein künftiger Standort schon bei der Anfertigung berücksichtigt wird. Ein professioneller Blumendekorateur besichtigt darum zunächst den Bestimmungsort, auf den er seinen Entwurf zuschneidet; ebenso sollte man auch als Amateur vorgehen.

Die Farben von Blumen und Blattwerk und deren Struktur sollten möglichst im Einklang mit der Raumausstattung stehen, und sei es als dynamischer Kontrast (*siehe* S. 12f).

Winterblühende Erika in einer bemalten Blechdose

◄ **Frischblumen**
Symmetrie, Struktur und eine sorgfältige Farbkomposition spielen eine wichtige Rolle, wenn Frischblumen wirken sollen. Kunstvolle Blüten sind dafür gar nicht notwendig, wie diese Tischdekoration aus Chrysantheme, Schmucklilie und Schneeball beweist.

► **Trockenblumen**
Einfach herzustellen, aber von verblüffender Wirkung: Dieser Kranz aus getrockneten gelben Flachssamen fällt sofort angenehm ins Auge.

Locker in einer Glasvase arrangierte herbstliche Schlehenbeeren

Sehr gut zum Beispiel ergänzen einander Gläser mit kleinen duftenden Narzissen und gelbes Porzellan, während orangefarbene Gerbera in blauen Töpfen auf der Fensterbank einer sachlich eingerichteten Wohnung für ein aufmunterndes Farbelement sorgen. Auch die Auswahl der Blumengefäße sollte vom Stil der Raumeinrichtung sowie der Größe und Form des gewählten Standorts bestimmt werden. Eine hohe Terrakottavase mit einem eleganten Arrangement gewundener Weidenzweige paßt ideal zu einem schmalen, gebleichten Eichentisch in einer modernen Diele; eine flache, silberne Schale voller Gartenrosen schmückt dagegen den Tisch in einem traditionell eingerichteten Raum.

Neue Ideen

Ein jeder hat seine Lieblingsfarben und -pflanzen; aber der Reiz beim Arrangieren von Blumen liegt in der Offenheit für Neues. Wagen Sie ungewöhnliche oder auffallende Farbkombinationen; suchen Sie sich unkonventionelle Gefäße oder gestalten Sie sie selbst; und halten Sie Ausschau nach unvertrauten Blumensorten sowie seltenen Blüten- und Blattformen. Künstliche Blumen, zumindest solche von vorzüglicher Qualität, sind heute kaum noch von echten Blumen zu unterscheiden. Ein schönes Arrangement aus künstlichen Blumen kann eine dauerhafte Lösung für eine ungünstige Raumsituation darstellen, etwa für ein allzu besonntes Fensterbrett (*siehe* S. 30). Die Gefäße müssen dabei gar nicht unbedingt für Blumen gedacht sein: Nichts spricht gegen einen gesprungenen Becher oder eine ausrangierte

Duftende Frühlingsblumen in einer Porzellanschale

◄ **Containerpflanzen**
Hyazinthen im Container verwandeln sich mit Hilfe eines Weidenkorbs, der mit Moos und Efeu bepflanzt wird, zu einem ausdrucksstarken Arrangement. Es ist viel langlebiger als ein Schnittblumengesteck.

► **Künstliche Blumen**
Künstliche Blumen sind eine ideale Lösung für eine langlebige Dekoration dort, wo Schnittblumen schnell verblassen und Topfpflanzen nicht gedeihen würden.

Beleben Sie künstliche Blumen wie diese Seidentulpen mit frischem Blattwerk.

Teekanne. Die Kunst besteht darin, Blumen und Gefäß als eine optische Einheit zu gestalten: ein Sträußchen Wildblumen in einem moosbewachsenen Topf, ein halbes Dutzend kleiner Tontöpfe mit Aurikeln in einem Drahtkorb für Milchflaschen, oder – schon ein anderes Niveau – langstielige, großblütige Blumen in einem handbemalten Eimer, der im Sommer den Platz vor dem Kamin füllt.

Dieses Buch will Sie dazu anregen, neue Standorte und neue Kompositionsmuster für Blumen zu entdecken und dabei alle nur denkbaren Möglichkeiten auszuschöpfen, die das unerschöpfliche Blumen- und Gefäßmaterial Ihnen bietet.

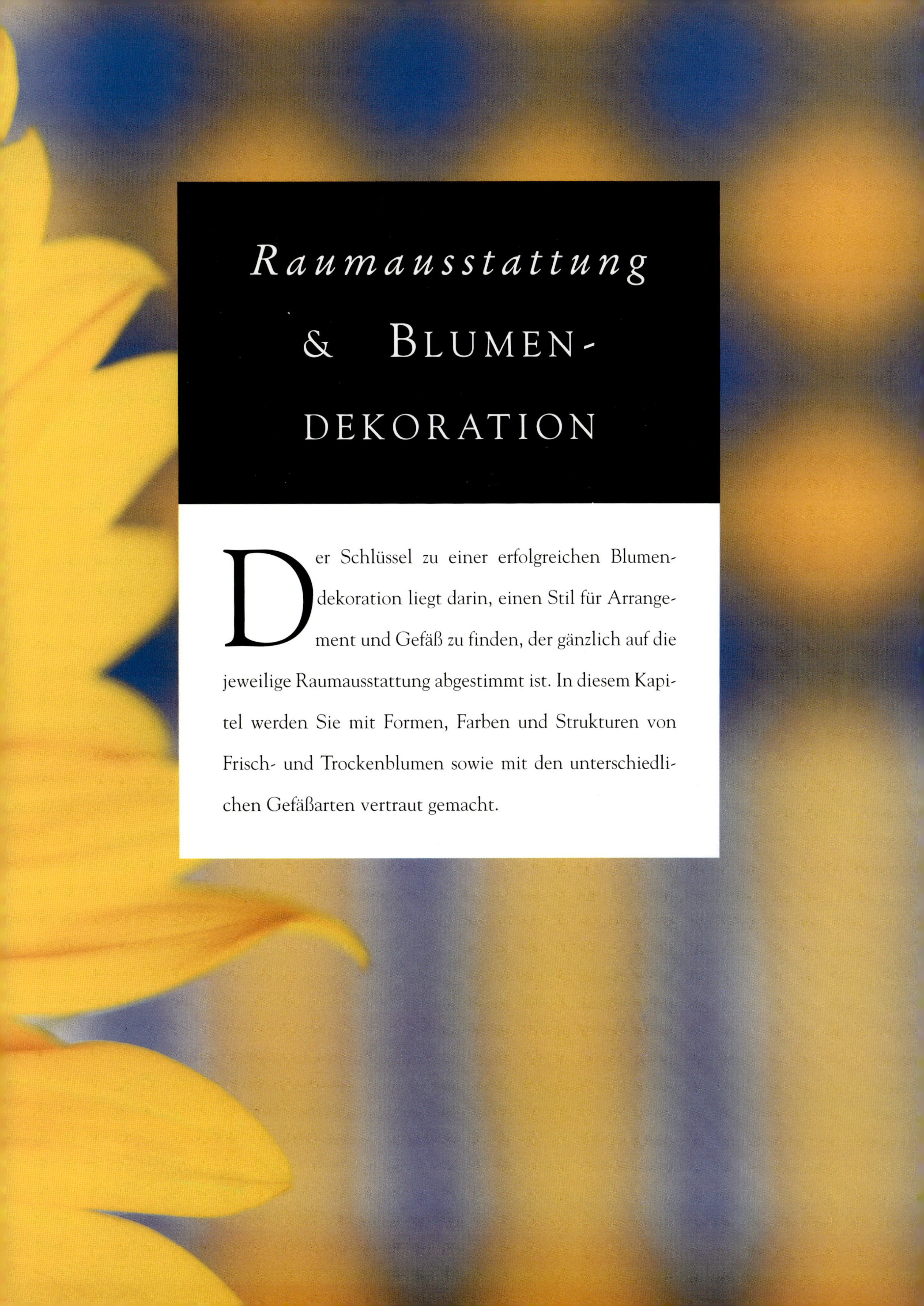

Raumausstattung & Blumen-dekoration

Der Schlüssel zu einer erfolgreichen Blumendekoration liegt darin, einen Stil für Arrangement und Gefäß zu finden, der gänzlich auf die jeweilige Raumausstattung abgestimmt ist. In diesem Kapitel werden Sie mit Formen, Farben und Strukturen von Frisch- und Trockenblumen sowie mit den unterschiedlichen Gefäßarten vertraut gemacht.

DIE FARBWAHL

Neutrale und erdfarbene Töne

Zimmerblumen, gleich ob es sich um Trocken- oder Frischblumen handelt, sollten in Farbe und Struktur dem Einrichtungsstil entsprechen. Auf den folgenden Seiten finden Sie – keineswegs erschöpfend – Orientierungspunkte, die Ihnen helfen sollen, ein harmonisches Gleichgewicht zwischen Farbe, Struktur und Stimmung in unterschiedlichen Räumen herzustellen. Neben der Farbe einer Blume muß auch ihre Gestalt berücksichtigt werden: Ist sie steif und gerade oder anmutig verzweigt und von üppigem Wachstum? Auch ihre Struktur ist entscheidend: vor allem Größe, Form und Zeichnung der Blätter, die glänzend oder matt, rauh oder glatt, groß oder klein, turmartig oder rankend sein können.

Auf der Farbpalette von Dekorateuren rangieren neutrale Töne an vorderster Stelle. Sie lassen Ihnen bei der Farbwahl Ihrer Möbel wie auch der Blumen zahlreiche Möglichkeiten. Kühle weiße, cremefarbene oder grüne Blumenarrangements passen gut zu eleganten Schwarz-Weiß-Kontrasten, weiche Beige- und Pfirsichtöne zum Charme alter Landhäuser, während Sie die dunklen und neutralen Erdfarben von Terrakotta und Backstein besonders effektvoll mit fein getönten Herbstbeeren, Samenständen oder Gras kombinieren können.

◄ **Creme- und Weisstöne**
Anspruchsvolle monochrome Raumsituationen – z. B. ein mit weißer Damastdecke und hellem Porzellan gedeckter Tisch – sind ideale Schauplätze für Arrangements in Weiß und Grün, für die man elegante Blumen wie Lilien, Freesien oder weiße Schnittrosen mit dunklem Blattwerk kombiniert, um die vornehme Blässe der Blumen zu betonen und auszugleichen.

▲ **Beige- und Pfirsichtöne**
Weiches Naturholz, Leder, Stein und beigefarbene Stoffe bieten eine ideales Ambiente für feine, blasse Blumen, die mit ein paar tiefen Rosa- und Rottönen kontrastiert werden, um einen leuchtenden Effekt in Wohn- oder Arbeitszimmer oder der Diele zu schaffen.

▼ **Terrakotta- und Erdtöne**
Klare Formen und satte Farben passen zu Ausstattungselementen, die häufig für Küchen und Dielen bevorzugt werden. Hier kombiniert man herbstliche Frischblumen in verschiedenen Gold-, Rost- und Rotbrauntönen oder wählt Trockenblumen wie Chrysantheme und Schafgarbe. Zu diesem Wohnstil passen auch strukturell interessant beschaffene Arrangements aus Weizen und Gerste.

Dynamische Farben

Zu einer eher modernen Einrichtung mit klaren Farben und ausgeprägten Formen wählen Sie Blumen mit kontrastierenden grellen Farben, die Sie entweder in einem gemeinsamen Arrangement mischen oder nebeneinander gruppieren. Stellen Sie etwa gelbe Tulpen neben leuchtendrote Gerbera oder Lilien, und benutzen Sie dabei für die gelben Tulpen ein scharlachrotes Gefäß, für das leuchtendrote Arrangement dagegen ein gelbes. Warme Farben wie Gelb, Rot- und Orangetöne können als auffällige Farbakzente in einem weiß oder neutral gehaltenen Raum einen belebend dreidimensionalen Effekt erzielen. Das gelingt in besonderer Weise mit Lilien, Tulpen, Amaryllis und Hyazinthen.

Kontraste zwischen Farben wie einem leuchtenden Gelb, Apfelgrün und einem strahlenden Blau bieten sich an für ein Ambiente mit geschliffenem Glas, schrillem Gingan oder großen Flächen einfarbigen Segeltuchs. Glasgefäße unterstreichen die Farben der Blumen noch, ebenso unifarbene Behälter in einem kontrastierenden Ton.

◄ **Gelb und rot**
Satte, warme Gelb- und Rottöne schaffen dynamische Farbkontraste – am besten wirken dabei kompakte Farbblöcke. Großkopfige Blüten wie die der Gerbera haben eine exotische Wirkung. Wächserne Blätter, z. B. von Tulpen, fangen das Licht ein und verstärken die Farbtiefe.

▲ **Türkis und Hellgrün**

Eine kühle dynamische Farbpalette besteht aus kontrastierenden Grün-, schrillen Gelb-, tiefen Blau- und Orangetönen. In Gestalt kleiner Sträußchen oder monochromer Kompositionen in Kannen unterstreichen sie die Wirkung einer modernen Raumausstattung: kleine Töpfe mit Narzissen, in einem Korb arrangierte Tulpen oder leuchtende Chrysanthemenblüten, mit grasgrünem Blattwerk kombiniert.

▼ **Leuchtendes Blau**

Klare, intensive Blautöne kann man als direkte Kontrastfarbe zu Weiß einsetzen. Blumen mit strengen Formen und großen Blüten wie Schwertlilien, Anemonen oder Hyazinthen kommen in einer weißen Umgebung besonders stark zur Geltung. Arrangieren Sie z. B. leuchtend blaue Schwertlilien mit ein wenig apfelgrünem Blattwerk in einem einfachen weißen, schmucklosen Porzellankrug. Verspielte Muster und unklare Formen lenken das Auge nur ab. Frisches Mittelgrün harmoniert mit Mittelblau, was eine besonders frische Wirkung erzielt. Ein Hauch von Gelb oder Leuchtendrot unterstreicht den Farbkontrast.

Harmonische Farbkombinationen

Viele Menschen bevorzugen in ihren vier Wänden weiche, harmonische Farbkombinationen aus Blaßrosa-, Malven-, Taubenblau- und Weißtönen. Diese Farben passen gut zum Einrichtungsstil eines alten Landhauses und lassen an verblichenen Chintz denken. Dieser Farbtypus umfaßt auch herbstliche Töne wie ein dunkles Gelb, Rost und Blaßgrün, die allesamt zu neutralen, zartgrünen, goldfarbenen oder von Terrakotta dominierten Räumen passen.

Die Jahreszeiten unterstützen solche sanften, harmonischen Arrangements: Im Sommer herrschen Rosa- und Blautöne, im Herbst eher goldene Rosttöne vor.

Zarte, fein gemusterte Gefäße aus Porzellan, geputztem Silber oder Zinn sowie Kristall eignen sich gut für solche naturnahen, zwanglosen Arrangements, für die Sie eine Vielzahl verschiedenster Blumen und Blätter heranziehen können.

Blattwerk kann ein Arrangement auflockern und zugleich die farbigeren Pflanzen betonen. Durch zarte Farne, die Blätter des Frauenmantels oder des Efeus entsteht ein meist gemütlicher, freundlicher Eindruck, der für den Landhausstil typisch ist. Hierzu eignen sich auch Heckenblumen mit ihren kleinen Blüten und weichen Farben.

▼ **Blau-, Malven- und Rosatöne**
Diese Farben aus dem warmen Bereich des Farbspektrums sind wie geschaffen für einladende, gemütliche Räume, besonders Wohn- und Schlafzimmer, in denen in der Regel reichlich textile Stoffe zu finden sind. Blasse Cremefarben hellen dunklere Arrangements auf und lassen sie wärmer erscheinen. Für diesen Farbbereich gibt es viele Trockenblumen, die gut mit geblümten Stoffen harmonieren.

▲ Grün und Weiss
Kühl, frisch und anspruchsvoll – dezente Arrangements in Grün und Weiß lenken den Blick auf sich, ohne ihre Umgebung zu dominieren. Sie harmonieren sowohl mit traditioneller als auch mit moderner Einrichtung und verschönern besonders Eßzimmer, Küche und Diele. Diese Farbtöne kann man bei Frisch- wie auch bei Trockenblumen finden. Immergrünes Blattwerk wirkt besonders in modern eingerichteten, hellen Räumen, da die glänzenden oder wächsernen Blätter häufig strenge architektonische Formen haben.

▼ Pfirsich- und Cremefarben
Die Kombination sanft harmonierender Farben wie Gold, Apricot und Gelbbraun setzt einer neutral gehaltenen Einrichtung ein Glanzlicht auf. In diesen Farben gibt es sowohl Frisch- als auch Trockenblumen, beispielsweise frische Lilien, Tulpen, Gerbera und Rosen sowie getrocknete kleinblütige Pflanzen wie die Schafgarbe.

GEFÄSSE

Allgemeines

Das Gefäß ist der Schlüssel für ein erfolgreiches Arrangement. Es muß die Blumen und das Blattwerk mit seiner eigenen Struktur, Farbe und Form ergänzen und das Arrangement komplettieren, ohne es zu dominieren. Wenn Sie Blumen unterbringen wollen, suchen Sie gewiß manchmal lange nach einem geeigneten Gefäß, oder aber Sie haben eine Lieblingsvase, einen Lieblingskrug, die einen festen Platz an einem bestimmten Standort im Haus haben.

Man greift meist zu Gefäßen, an die man sich gewöhnt hat, ohne sich bewußt zu machen, welche Wirkung die verschiedenen Behältnisse eigentlich haben. Auf den folgenden Seiten finden Sie die unterschiedlichsten Gefäße und Behälter aus den verschiedensten Materialien. Entwickeln Sie Abenteuerlust bei der Suche nach alten Kannen, Körben oder Schalen, die Sie auf Flohmärkten oder in Trödelläden günstig erstehen können; Schäden und Mäkel können Sie mit den Blumen kaschieren oder sogar dekorativ einsetzen.

Aluminium, Blech und Drahtgeflecht

Der Vorteil von Metall- und Drahtbehältern ist vor allem ihre neutrale Farbe – so wird die Wirkung eines Arrangements allein durch die Form und Farbe der Blumen bestimmt. Solide Metallgefäße betonen den Gesamteindruck, etwa bei einem eher architektonisch angelegten Tulpenarrangement, oder liefern einen Kontrast zu einem mehr luftigen Arrangement, wie einer Kombination von Schleierkraut, Wiesenkerbel und Butterblumen (*siehe* S. 39).

Man kann unterschiedliche Metalle verwenden: Silber, Aluminium und einfaches Blech. Gefäße sind in jeder Form erhältlich, von Eimern und Kannen über Haushaltsdosen bis zu Töpfen. Das Metall kann unverziert, emailliert oder bemalt sein. Glänzendes Metall kommt bei ausdrucksstarken Arrangements zum Einsatz, trübes und beschlagenes besser bei hellen Farben und feinen Strukturen. Haushaltsdosen oder Gefäße aus Recycle-Blech eignen sich gut für natürliche Arrangements mit Frischblumen.

Drahtbehälter wurden erstmals im 19. Jahrhundert verwendet und sind heute wieder beliebt. Sie können Arrangements mit Containerpflanzen beherbergen, unter Verwendung eines wasserfesten Innenbehälters aber auch mit Frischblumen gefüllt werden. Offene Drahtgestelle mit Stiefmütterchen oder Farn lassen einen Hauch von Jugendstil entstehen.

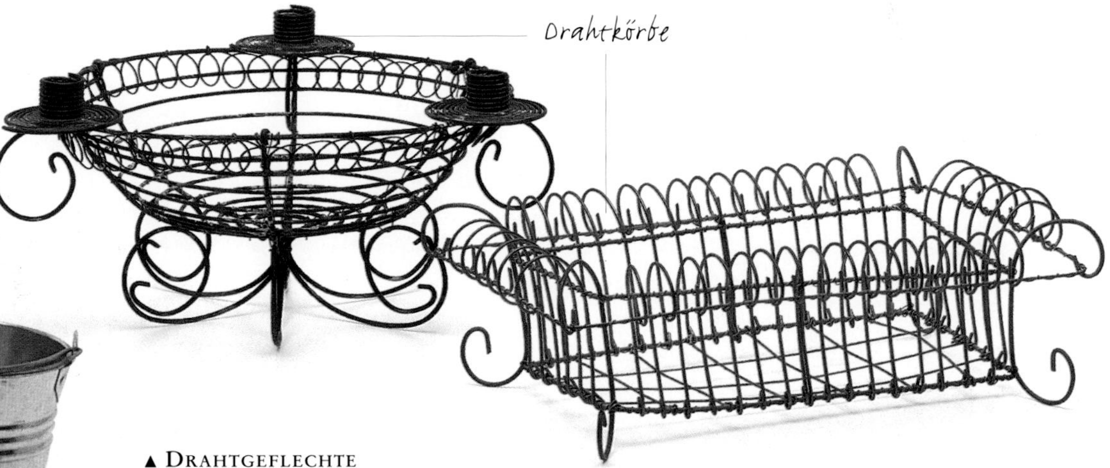

▲ **Drahtgeflechte**
Ein rundes Sockelgefäß ist ideal für ein Arrangement in der Tischmitte, während ein eckiger, korbförmiger Behälter Töpfe mit Stiefmütterchen aufnehmen kann. Hilfsmittel und Töpfe werden mit Moos verdeckt.

◄ **Aluminium und Blech**
Metallbehälter – ob nun hochglänzend poliert, emailliert oder matt – haben glatte Oberflächen und klare einfache Formen. Sie sind sehr wirkungsvolle Untersätze, die die Schönheit der Blumen und Blätter unterstreichen. Eimer, Kannen, Schalen und Blechdosen kann man auf originelle und unterschiedliche Weise einsetzen – modern, nostalgisch, rustikal oder schlicht funktionell.

▲ **TERRAKOTTA**

Die natürliche Farbpalette und die vielfältigen Formen machen Terrakottagefäße zu einer idealen Basis für zahlreiche Arrangements, von getrockneten Blumensträußen und Kräutern bis hin zu leuchtenden, monochromen Dekorationen. Füllen Sie kleine Terrakottatöpfe mit Sträußen von getrocknetem Lavendel oder Majoran und gruppieren Sie sie auf der Fensterbank oder einem Regalbrett zu einem Blickfang. Verzierte Töpfe können Sie auch unbepflanzt als innenarchitektonische Dekoration einsetzen.

► **KERAMIK**

Mit ihrer groben Struktur und den klaren Formen sind Keramikgefäße ideale Behälter für modern eingerichtete Räume oder für ein Blumenarrangement in der Küche. Kräftige und farbintensive Blumen passen ebensogut zu ihnen wie Beeren und Samenstände. Auch für schlichte Einzelarrangements mit Stiefmütterchen und Schlüsselblumen oder für Sträuße von Trockenrosen kommen sie in Frage. Die kleine Auswahl der gezeigten Keramikbehälter soll Ihnen eine Vorstellung von der Fülle der Formen, Farben und Größen vermitteln, die Ihnen zur Verfügung steht – von der Sauciere bis zur Milchkanne.

Keramik und Terrakotta

Die Palette von Gefäßen aus Keramik, Porzellan und Terrakotta – glasiert, verziert oder unbehandelt – ist außerordentlich breit und bietet für fast jede Blumendekoration etwas Geeignetes. Sie können zwischen Schalen, Kannen, Tassen, Bechern, Töpfen und Tellern aller Art auswählen. Alle sind vielseitig verwendbar und sowohl für Trocken- und Frischblumen als auch für künstliches Blumenmaterial geeignet. Zu Ton passen eher robuste Blumen von schlichter Farbe, Form und Gestalt, die der groben Struktur und den klaren Formen der Tongefäße entsprechen. Dünnes, fein gemustertes Porzellan ist ein idealer Behälter für zart geformte Frischblumen in Pastellfarben und für Trockenblumen.

Tassen und Becher taugen für kleine, schnelle und einfache Arrangements, etwa für einen Strauß Trockenblumen. Sie wirken besonders gut, wenn Sie sie zwischen Ihr Schmuckporzellan auf ein Regal stellen. Größere Töpfe, Suppenterrinen und Gemüseschalen bieten eine gute Basis für schöne Tischarrangements.

Glas

Glasgefäße sind zwar in der Regel durchsichtig, doch gibt es eine große Auswahl auch an milchigem oder trübem Glas, oft in wunderschönen, kräftigen Farben. Der Vorteil eines transparenten Glasgefäßes liegt darin, daß es den Blick vom Behältnis auf den Inhalt lenkt. Darum sollte man es zuallererst bei besonders exotischen oder ausgefallenen Blumen einsetzen. Da die Stiele und das Wasser sichtbar bleiben, muß man erstere allerdings gut säubern und das Wasser regelmäßig wechseln.

Körbe und Holz

Einfache, rustikale Körbe aus Schilf und Rohr sind als Behälter von unschätzbarem Wert für viele Blumen, besonders für trockene und für Containerpflanzen. Lagern Sie Ihr Korbsortiment auf dem obersten Küchenregal und arrangieren Sie es wechselweise mit Ihren eigenen Trockenblumen (*siehe* S. 59). Wollen Sie Container- oder Frischblumen in Körbe setzen, müssen Sie sie innen wasserfest machen (ein zurechtgeschnittener Plastikmüllbeutel genügt). Diese Folie wird von Moos verborgen.

► **Klares Glas**
Durchsichtige Glasbehälter sind vielseitig und passen zu jeder Einrichtung. Je nach Form können sie für ausgefallene Dekorationen ebenso verwendet werden wie für elegante Arrangements oder einfache Sträußchen. Klares Glas tritt hinter das Arrangement zurück, so daß es sich besonders für Fensterplätze und kühle, helle Räume eignet. Sauber hergerichtete Stiele sehen durch Glas sehr schön aus; Sie können auch zusätzliches Dekorationsmaterial wie Glasmurmeln zum Verankern der Blumen und für besondere Effekte nutzen.

▲ **WEIDENKÖRBE, SCHACHTELN UND KÖRBE**
Dank ihres rustikalen Charakters passen Holz und Weide zu natürlichen Arrangements von Trockenblumen, wie etwa aromatischen Lavendelsträußen. Eine schöne Wirkung haben Töpfe mit Zwiebelblumen und Sträußchen von Gartenblumen; für beide benötigt man eine wasserfeste Innenauslage oder ein Gefäß.

▼ **GEFÄRBTES GLAS**
Milchglasvasen in leuchtenden Farben und modernen Formen eignen sich ausgezeichnet für Dekorationen mit wenigen einzelnen Blumen oder Zweigen mit prägnanter, schlichter Form. Milchglas paßt bestens zu moderner Einrichtung, im allgemeinen freilich nicht zu Trockenblumen, die von allzu schrillen Farben und Formen überwältigt würden.

Gefässe verzieren

Grünspan auf Blumeneimern

Sie können billige Metall- oder Terrakottabehälter bemalen, um sie farblich einem bestimmten Blumenarrangement anzupassen. Der kleine Blumeneimer rechts erhielt seine altertümelnde Grünspanbeschichtung, indem dreierlei Farbtöne schnelltrocknender Acrylwasserfarben aufgetragen wurden. Die Verarbeitung dieser Farben ist ausgesprochen unkompliziert: Sie tragen eine Grundierung, darauf eine Schicht Dunkelgrau und auf diese in Tupftechnik je eine Schicht Türkis und Hellgrün in harmonierenden Tönen auf. Beachten Sie, vor dem Auftragen einer neuen Farbschicht die vorherige gut trocknen zu lassen. Es gibt auch fertige Sets für den Grünspaneffekt.

1 Bemalen Sie die Außenseite eines Eimers mit Allzweckgrundierung. Lassen Sie sie gut trocknen.

2 Tragen Sie eine Schicht Dunkelgrau über die Grundfarbe auf und lassen Sie sie ebenfalls trocknen.

3 Tupfen Sie blasse Türkisfarbe ungleichmäßig auf den grauen Grund.

4 Tupfen Sie dort hellgrüne Farbe auf, wo das Türkis weniger stark sichtbar ist. An einigen Stellen kann das Grün auch das Grau überdecken.

5 Wenn Sie die Grünspanfärbung haltbar machen wollen, versiegeln Sie die komplett getrocknete Farbe mit einem matten Acryllack.

Blättermantel für Gläser

Ein normales Becherglas verwandelt sich in einen raffinierten Blumenbehälter, wenn man es in ein paar robuste immergüne Blätter hüllt, die mit Bast zusammengehalten werden. Eine Konservendose kann in gleicher Weise aufgewertet werden. Dazu paßt am besten ein monochromes Blumenarrangement, z. B. mit kleinen Narzissen. Zum Einhüllen eignen sich die unterschiedlichsten Blätter, sofern sie geschmeidig und biegsam sind. Wenn man sie anfeuchtet, werden sie elastischer. Nehmen Sie möglichst große immergrüne Blätter wie die der Magnolie in der Abbildung oder Efeu- und Lorbeerblätter. Panaschierte Funkieblätter setzen einen zusätzlichen dekorativen Akzent.

1 Legen Sie einige feste immergüne Blätter mit dem Stiel nach unten um das Glas.

2 Die Blätter sollten leicht überlappen und die Blattspitzen auf einer Höhe abschließen.

3 Wickeln Sie mehrmals Bast um die Glasmitte, verknoten Sie ihn und binden eine Schleife.

4 Schneiden Sie mit Schere oder Messer die unteren Blattenden bündig mit dem Glasboden ab.

5 Sie können diesen haltbaren Blattmantel durchaus für mehrere Arrangements verwenden.

Ein Moosnest

Haben Sie kein geeignetes Gefäß zur Hand, das in Größe und Form Ihren Vorstellungen entspricht, können Sie selbst eines aus Maschendraht, zurechtgeschnittener Plastikfolie und etwas Moos anfertigen. Es ist für kleine Containerpflanzen wie die Gartenprimeln rechts ebenso geeignet wie für einen Strauß Trockenrosen. In der Abbildung sehen Sie zwei Pflanzen in einem Moosnest. Der Maschendraht sollte etwas mehr als den doppelten Umfang der Höhe und Breite des geplanten Mooskorbs haben. Das Nest ist schnell gemacht, und da das Moos lange hält, können Sie es für Frischblumen in einer Glasvase erneut verwenden.

1 Schneiden Sie den Maschendraht in ein passendes Viereck und breiten Sie das Moos darauf. Biegen Sie den Draht nun grob in Nestform.

2 Biegen Sie den Maschendraht oben am Rand um, so daß keine scharfen Spitzen herausstehen. Versenken Sie diese fest im Moos.

3 Modellieren Sie nun das Gefäß so in die gewünschte Form und die richtige Größe, daß es den Topf oder die Pflanze halten kann.

4 Legen Sie das Nest mit der zurecht geschnittenen Plastikfolie aus und drücken Sie die Pflanzen fest hinein.

5 Der Korb läßt sich leicht umformen, wenn er ein anderes Gefäß aufnehmen soll.

Die Stoffvase

Ein einfaches Marmeladenglas erhält mit einem rechteckigen Baumwolltuch eine originelle Verkleidung. Sie benötigen dazu ein Tuch und etwas Blumendraht. Formen Sie aus Seidenpapier ein Polster um den Boden des Glases, um dessen Form zu kaschieren. Wählen Sie ein Tuch nach Belieben, allerdings sollten Sie für ein einfarbiges Blumenarrangement kein gemustertes nehmen, das den Gesamteindruck verwirren würde. Klare Farben bei Tuch und Blumen eignen sich am besten, wie diese roten Ranunkeln im rot-weiß gemusterten Gingan beweisen. Mit dem Draht fixieren Sie die Stoffschleifen.

1 Stellen Sie das Glas in die Mitte des Tuchs und legen Sie Seidenpapier als dickes Polster um den Glasboden.

2 Nehmen Sie jeweils zwei Tuchecken auf und verknoten Sie sie so, daß sie einen Zipfel ergeben.

3 Fixieren Sie die Schleifen, indem Sie sie mit starkem Blumendraht umwickeln und befestigen.

4 Verfahren Sie mit den anderen Stoffenden ebenso und verbergen Sie mit den Schleifen den Draht.

5 Die Stoffvase sieht besonders schön auf einem Fensterbrett der Küche oder auf dem Nachttisch aus.

Standorte für BLUMEN

Die meisten von uns haben einen Lieblingsplatz für ihre Blumen: eine kleine Kommode in der Diele, den Treppenabsatz oder einen großen Eßtisch. Dieses Kapitel zeigt die vielen Möglichkeiten, Blumen angemessen zu plazieren, und demonstriert, wie man die unterschiedlichsten Standorte wirkungsvoll für Blumenarrangements nutzen kann.

HALTBARER FENSTER-SCHMUCK

Ein großes Fenster ist der ideale Standort für ein eindrucksvolles Arrangement aus unvergänglichen Pergamentblumen.

Ein locker arrangiertes Blumengesteck zur Dekoration eines großen Fensters kann aus verschiedenen Blumen in frischer, künstlicher oder getrockneter Form angefertigt werden. Künstliche Blumen eignen sich für ein sonniges Fenster, wo frische Blumen schnell welken und Trockenblumen ihre Farbe verlieren würden.

Abgesehen von der Langlebigkeit muß man bei einem Fensterarrangement beachten, es großzügig anzulegen, um mit ihm den Gesamteindruck des Fensters zu unterstreichen.

In einem breiten rechteckigen Erkerfenster muß auch das Arrangement großzügiger konzipiert sein, um nicht optisch unterzugehen. Podeste sind an solchen Standorten ungünstig, da sie ein visuelles Ungleichgewicht schaffen.

▲ **KÜNSTICHE BLUMEN**
In diesem traditionell eingerichteten Zimmer ist ein lebendiges Arrangement aus übergroßen Pergamentblumen und konservierten Blättern in einer glasierten Vase ein schöner Tafelaufsatz für den schmucken Tisch.

Haltbarer Fensterschmuck: ANLEITUNG

Für dieses Arrangement, entworfen für ein großes Erkerfenster, brauchen Sie ein etwa 30 cm großes, bauchiges Gefäß mit weiter Öffnung. Hier wurde ein Keramiktopf gewählt, ein Behälter aus Holz wäre aber ebenso geeignet.

Das Arrangement hat eine runde Kuppelform, deren Struktur von Blattwerk, das zwischen verschiedene Sorten Pergamentblumen gesteckt wurde, getragen wird.

Sie benötigen künstliche Blumen (Pergamentblumen sind besonders geeignet) und einige Zweige trockenen Laubwerks mit kleinen Blättern. Sie können Blätter aus Ihrem Garten präparieren (*siehe* S. 120f) oder bereits präparierte bei einem Floristen kaufen.

1 Setzen Sie die Steckmasse so in den Behälter, daß sie festen Halt am Topfrand hat. Schneiden Sie sie bei Bedarf zurecht. Stecken Sie das Blattwerk sorgfältig ein, es bestimmt Höhe und Breite des Arrangements.

Sorgen Sie dabei für genügend Volumen, damit eine ansehnliche runde Gesamtform entsteht. Einige Zweige sollten spielerisch über den Topfrand hängen.

MATERIALIEN

~

Verschiedene Sorten Pergamentblumen

Zweige mit kleinen getrockneten Blättern

~

2 Blöcke Trockensteckmasse

2 Füllen Sie die Lücken zwischen den Blättern mit den Pergamentblumen auf; achten Sie darauf, sie ausgewogen im ganzen Arrangement zu verteilen.

Frühlingsvariante

Wenn es in Ihrem Heim ein Fenster gibt, das nicht dem direkten Sonnenlicht ausgesetzt ist, können Sie ein Fensterarrangement auch aus Frischblumen der Saison herrichten, das der künstlichen Blumendekoration in nichts nachsteht.

Sie sollten versuchen, dem Arrangement eine lockere Form und ein zartes Aussehen zu verschaffen, indem Sie Blattwerk wie Blumen sehr großzügig einsetzen. Die Blätter helfen, Lücken zu füllen und dem Arrangement Substanz zu verleihen, denn echte Blumen haben nie die Ausmaße ihrer pergamentenen Imitationen. Im Spätfrühling bieten sich Lilien, Funkieblätter und Zweige von Frauenmantel *(Alchemilla mollis)* an, im Sommer Gartenrosen in einer großen Schale, an deren Stelle im Winter getriebene Zwiebelblumen (*siehe* S. 96f) treten.

Auch blühende Sträucher liefern ideale Materialien – greifen Sie im Frühling und Frühsommer zum Zierapfel, im Hochsommer zu Flieder oder Sommerjasmin *(Philadelphus)* und im Winter zu Ilex und bunten Beeren.

▼ **Frühlingsfrische**
Rosa- und Grüntöne bilden das Farbschema dieses Arrangements aus Frühlingsblumen und Gerbera. Das leuchtende Rosa der Kirschblüten und das Weiß des Zierapfels machen das helle Rosa der Gerbera weicher. Kräftig grüne Ligusterblätter erzeugen einen perfekten Hintergrund, und die Porzellanschale ergänzt mit Größe, Form und Farbe die großzügigen Aspekte des Arrangements.

Sommervariante

In den Sommermonaten stehen eine reiche Auswahl an Gartenblumen sowie ein vielfältiges Sortiment im Blumengeschäft zur Verfügung. Die vorherrschenden Farben sind Weiß sowie Rosa-, Malve-, Grün- und Blautöne.

Ein sommerliches Arrangement sollte ein luftiges und frisches Aussehen haben. Verschiedene Blattsorten als Hintergrund geben ihm Fülle, zudem heben sich die Blumen davor besser ab. Schlichte Dekorationen, die aus dem Pflanzenreichtum der Saison schöpfen, sind besonders wirkungsvoll. Mischen Sie verschiedene Pflanzen, um das Arrangement interessanter und reizvoller zu machen.

Ein Eimer oder eine tiefe Vase mit breitem Rand sind die ideale Basis für ein breites, ausladendes Arrangement. Wählen Sie einen Behälter, der mit den Blumenformen und -farben harmoniert. Gartenrosen sehen wunderschön in silbernen Terrinen aus, während formalere Arrangements wie das unten abgebildete gut in einem schlichteren Metallbehälter zur Geltung kommen.

▼ **SOMMERBLUMEN-ARCHITEKTUR**
Dieses kühle, weiß-grüne Arrangement besteht aus Lilien, Schnittrosen und Milchstern, begleitet von Eukalyptusblättern und Schneeballblättern und -blumen. Lilien und Eukalyptus bilden das Gerüst, in das die übrigen Blumen eingefügt werden, um eine angedeutet runde Silhouette zu bilden. Das zurückhaltende Farbschema wird vom neutralen Behälter gestützt: Eine bunte Vase würde nur ablenken.

Wintervariante

Nutzen Sie in den Wintermonaten Zweige, leuchtende Beeren und immergrüne Blätter, die Sie zusammen mit ein paar Blumen aus dem Geschäft arrangieren können.

Zu dieser Jahreszeit müssen Sie sich nach geeignetem Material für Arrangements ein wenig umschauen; doch können winterliche Blätter und Zweige, Samenstände und Beeren einen erstaunlich wirkungsvollen Farbakzent setzen. Wenn Sie winterblühende Sträucher in Ihrem Garten haben, lohnt es sich, in einer schlichten Glasvase ein paar ausladende Zweige zu arrangieren, beispielsweise die der Zaubernuß *(Hamamelis mollis)*, der japanischen Mahonie *(Mahonia japonica)* oder des Schlehdorns *(Prunus spinosa)*.

Im Blumengeschäft finden Sie mit etwas Glück Hartriegelzweige, die gut zu der vor Weihnachten erhältlichen Singapur-Orchidee und zur Amaryllis passen. Grünrote Farbkombinationen beleben die eher düstere Jahreszeit, und Ilexblätter, besonders die panaschierte goldene und grüne Variante, bilden einen idealen Hintergrund für orangefarbene und rote Blumen sowie Winterbeeren aller Art.

▲ **Rot, Gold und Grün**
Dieses ausladende Arrangement in einer weiten Glasvase bildet mit dem dominanten Scharlachrot ein konzentriertes Farbschema. Die Farbe zeigt sich hauptsächlich in den großen, auffallenden Blüten der Amaryllis, wird aber von den Zwergmispelbeeren wiederholt. Lärchenzapfen und -zweige, Ilexblätter und Haselzweige geben dem Arrangement Fülle. Die längeren Zweige von Hasel, Lärche und Zwergmispel wurden hier zum Auflockern der runden Form eingesetzt.

KRÄUTER VOR DEM FENSTER

Für ein Ensemble frischer, duftender Küchenkräuter ist ein sonniges Fensterbrett der ideale Standort.

Leidenschaftliche Köche haben gern die wichtigsten Kräuter zur Hand. Meist sind die in unansehnlichen Plastiktöpfen vor dem Küchenfenster untergebracht. Durch ein Gefäß, das die Container verbirgt, lassen sie sich jedoch leicht in eine ansprechende Dekoration verwandeln.

Dieser Kräuterkorb wird aus einem zurechtgeschnittenen Waschmittelkarton hergestellt, der mit Moos verkleidet und von grüner Gartenschnur gehalten wird. Das Körbchen überdauert zwei bis drei Wochen und ist für alle kleinen Containerpflanzen eine ideale Unterbringung.

► EIN HAUSKRÄUTERGARTEN
Petersilie und Salbei sind hier zusammen in einem Mooskörbchen am Küchenfenster gruppiert. Auch lila und grünes Basilikum bilden eine schöne Kombination.

▲ PASSENDE GEFÄSSE
Statt in ein Mooskörbchen können Sie Ihre Kräuter auch in optisch stimmige Behälter setzen. Hier erfuhren kleine Holz- und Tontöpfe zur Abstimmung mit den Pflanzen einen dekorativen Anstrich.

Herbes de Provence

Kräuter vor dem Fenster:
ANLEITUNG

Für den Korb benötigen Sie außer den Kräutern einen leeren Waschmittelkarton, Moos und Gartenschnur oder Messingdraht. Wählen Sie die Kräuter nach ihrem Geschmack und Aussehen, aber auch nach Ihren Kochpräferenzen.

Das Mooskörbchen ist sehr einfach herzustellen. Suchen Sie sich einen geeigneten Karton oder eine Schachtel, in die die Kräutertöpfe passen. Am besten eignet sich ein Waschmittelkarton, den Sie mit einem sehr scharfen Küchenmesser (oder Handwerksmesser) und einer starken Küchenschere zurechtschneiden. Befestigen Sie das Moos mit Gartenschnur, Messingdraht oder naturfarbenem bzw. grünem Raffiabast an dem Karton. Die Auswahl der Kräuter hängt von der Saison und Ihren Vorlieben ab.

1 Schneiden Sie den unteren Teil eines Kartons so zurecht, daß die Töpfe später darin nicht mehr zu sehen sind. Begradigen Sie den Rand.

2 Befestigen Sie das Moos mit Gartenschnur oder Messingdraht an dem Karton. Am besten legen Sie ihn dafür auf die Seite.

MATERIALIEN

~

Petersilie (Petroselinum)
Salbei (Salvia officinalis)
Moos

~

Waschmittelkarton
Handwerksmesser und Schere
Gartenschnur oder Messingdraht
Plastikfolie

3 Verknoten Sie die Schnur und schneiden Sie die Enden ab. Sie können sie auch mehrfach um den Karton wickeln.

4 Legen Sie das Kartoninnere mit zurechtgeschnittener Plastikfolie aus, um ihn wasserdicht zu machen – wichtig für das Gießen der Kräuter.

Frischblumenvariante

Auch unaufwendige Arrangements in Haushaltsgefäßen können einen eigenen Charme besitzen. Dazu sind nicht unbedingt üppige Gestecke und Gefäße nötig – schon ein paar gut arrangierte Blumen haben dieselbe Wirkung.

Südfenster sind im allgemeinen für Frischblumen zu warm. Vor einem schattigen Fenster jedoch können Sie ohne Bedenken auf einem Tisch, einer Ablage oder dem Fensterbrett eine Gruppe kleiner Behälter mit Allerweltsblumen arrangieren. Sie bringen Farbe und Leben in jene Räume, die oft als rein funktionell gelten, wie Küche oder Badezimmer.

An solche Standorte können Sie alle Blumen stellen, die Sie aus dem Garten retten konnten – sturmbeschädigte, eine einzelne Blüte oder eine überzählige Blume von einem anderen Gesteck im Haus. Ein Glas, kleine Blumeneimer und sogar Eierbecher können Sie zur Gestaltung heranziehen. Wählen Sie aber Behälter, die einander in Material und Stil ähneln. Unabhängig von seiner Größe sollte jedes Gefäß auch ungefähr die gleiche Anzahl Blumen aufnehmen können. So schaffen Sie eine Einheit.

▼ Ein Gruppenarrangement
Anstelle von Kräutertöpfen können Sie natürlich auch Gartenblumen vor Ihr Küchenfenster plazieren. Schlichte Behälter und eine Konzentration auf wenige Farben verstärken den Eindruck. Im Bild schaffen weiße Glockenblumen, Baldrian, Nachtnelke, Kosmee und Akelei einen Kontrast zum Tiefrot der Sterndolde sowie dem Lila der afrikanischen Veilchen und der Stiefmütterchen, während das Blaßgrün des Frauenmantels beide Farbskalen bedient.

Tisch im Herbst

Diese frugale Dekoration in goldenen, rostfarbenen und bronzenen Herbsttönen wirkt besonders eindrucksvoll in der Mitte eines großen Eßtischs.

Bei der Planung eines Tischarrangements sollten Sie neben den ästhetischen Fragen, die die Zimmereinrichtung, das Porzellan und die Tischwäsche aufwerfen, auch praktische Aspekte berücksichtigen, z. B. Größe und Form des Tisches. Bei einem geselligen Mittags- oder Abendtisch für acht oder zehn Gäste muß auch bedacht werden, ob man sich über das Arrangement hinweg noch sehen kann, denn einer Unterhaltung ist es sehr abträglich, wenn das Gegenüber von der Dekoration verdeckt wird.

Verwenden Sie saisonales Blumenmaterial aus dem Garten, das Sie mit Blumen vom Floristen kombinieren können. Greifen Sie zu Beeren und Früchten in Herbst und Winter, zu Zwiebelblumen bei Jahresbeginn und im Sommer zu mehrjährigen Pflanzen.

◂ **DIE WARMEN FARBEN DES HERBSTS** ▴
Dieses niedrige Tischarrangement, das man auf einem Tablett oder Teller herrichten kann, ist ideal für einen großen ovalen oder rechteckigen Tisch. Die tiefen Rottöne, das Gold und die Rostfarben der Herbstfrüchte, der Blätter und des Gemüses passen ausgezeichnet zu den terrakottafarbenen Wänden und dem prächtigen Mahagonitisch dieses Speisezimmers und schaffen einen warmen Glanz in seiner Mitte.

Tisch im Herbst: Anleitung

Dieses Tischgesteck nutzt herbstliche Ernteerzeugnisse und Materialien aus Hecken. Nehmen Sie, was Sie vor Ort finden, und kombinieren Sie dazu einige große Gemüse und Früchte (Artischocken, Mais, Flaschenkürbis und Granatapfel) sowie kleinere beerenbesetzte Zweige.

Stecken Sie als Basis für das Arrangement in einen vorgeweichten Block Steckmasse Feuerdorn, Hagebutte und Artischockenköpfe. Die weiteren Elemente können Sie locker um dieses Fundament herum schichten. Sie genießen dabei jede gestalterische Freiheit, sollten allerdings ein Stilprinzip berücksichtigen: Befestigen Sie auf der Basis stets zuerst die größeren und gröberen Objekte (Früchte und Gemüse), auf die dann die weiteren (kleineren) Materialien geschichtet werden. Dabei sollte in etwa eine natürliche Pyramidenform entstehen, die freilich nicht zu streng und statisch ausfallen darf.

Fertigen Sie das Arrangement in der Küche an und tragen es dann zum Tisch, der auf diese Weise nicht beschädigt werden kann.

MATERIALIEN

~

Goldener Zierapfel
Flaschenkürbis (verschiedene Sorten)

Hagebutten (Rosa eglanteria)

Zweige der Blutroten Johannisbeere (Ribes sanguineum)

Artischocken

Mais (verschiedene Sorten)

Schlehenzweige mit Beeren (Prunus spinosa)

Blätter und Beeren des Feuerdorns

Granatapfel

~

Steckmasse

Metalltablett oder -unterlage

1 Legen Sie einen Block vorgeweichter, nasser Steckmasse auf einen ovalen, ca. 45 cm langen Teller. Stecken Sie als Fundament in jede Seite des Blocks Zweige vom goldenen Zierapfel – sie dürfen durchaus ein wenig über den Tellerrand hinausragen.

2 Verteilen Sie die Flaschenkürbisse um diese Basis, die Sie mit einigen Hagebuttenzweigen auffüllen. Legen Sie die Johannisbeerzweige zwischen Kürbisse und Hagebutten. Drücken Sie nun die Artischockenköpfe als zweite Schicht in die Steckmasse.

3 Weitere Artischockenköpfe für die oberste Schicht folgen, ebenso die Maiskolben, die Sie seitwärts ausrichten. Die weißen Blätter des Mais dürfen ruhig sichtbar sein, sie schaffen einen Farbkontrast zu den dunklen Beeren und Früchten.

4 Fügen Sie die grünen Blätter von Schlehe und Feuerdorn hinzu. Füllen Sie die verbleibenden Lücken mit Granatäpfeln, und komplettieren Sie das Gesteck mit Blättern, Hagebutte und Beeren, bis der gewünschte Gesamteindruck erreicht ist.

Eine Herbstvariante

Dieses Herbstgesteck für die Tischmitte wurde auf einer gläsernen Kuchenplatte mit Fuß arrangiert. Es eignet sich für einen kleinen Tisch und bietet auf dekorative Weise Früchte zum Dessert an.

Auch in der Mitte eines kleinen Tischs kann durchaus ein Gesteck aus Früchten und Blumen Platz finden. Der Kern des Gestecks wird von einem Block Steckmasse gebildet, in den Hortensienblüten gesteckt werden. Hortensien lassen sich ausgesprochen gut trocknen (*siehe* S. 123) und gehören darum zu den ganzjährig erhältlichen Dekorationsmaterialien.

▸ **Blumen und Obst**

Die Rostfärbung der Granatäpfel, Kirschen und Äpfel harmoniert mit dem tiefen Rot-Pink der Hortensienblüten. Diese Obstdekoration ist ein elegantes Accessoire für ein Abendessen im Herbst.

Ein Herbstbaum

Dieser fröhliche »Apfelbaum«, arrangiert in einer mit Äpfeln gefüllten Glasvase, besteht aus Fallobst und Blättern. Die Konstruktion basiert auf einem Glaspokal, der in einem größeren Glasgefäß steht.

Es liegt nur nahe, für eine Tischdekoration Lebensmittel zu verwenden, die Sie ohnehin servieren wollen, besonders zu Vor- oder Nachspeise. Äpfel bilden einen dekorativen Schmuck, der ein paar Tage hält. Ebensogut können Sie Birnenfallobst integrieren. Beim Entwurf des Fruchtbaums sollte man die Proportionen im Auge behalten, nicht minder aber auch auf Stil und Form des Gefäßes achten – beides spielt für den Gesamteindruck eine große Rolle. Eine eckige, leicht gedrungene Glasvase, die einerseits die Äpfel zur Schau stellt und gleichzeitig als solider Stamm des »Baums« dient, ist ideal. Einige rote Plastikkirschen und ein paar frische Zweige vom echten Baum sind alles, was Sie sonst noch benötigen.

ANLEITUNG: *Stellen Sie ein Glas (oder einen Pokal) in die Mitte des Gefäßes und füllen Sie es mit frischem Wasser. Dann füllen Sie den äußeren Behälter mit Äpfeln und leuchtend roten Plastikkirschen (die zwischen den echten Äpfeln sehr natürlich wirken), um das innere Glas zu verbergen und das Gefäß als farbenfrohes Element der Komposition zu nutzen.*

◄ DER APFELBAUM
Für dieses Arrangement können Sie Fallobst verwerten; falls ein Apfel eine lädierte Stelle hat, drehen Sie ihn auf die andere Seite. Allerdings sollten Früchte, die sehr beschädigt sind, aussortiert werden, weil sie schnell faulen. Polieren Sie jeden Apfel mit einem weichen Tuch glänzend. Stellen Sie die Apfelzweige in das innere Gefäß und spießen Sie jeden Apfel auf ein Holzstäbchen oder einen Draht, die Sie so in das Hauptglas stecken als würden die Äpfel am Baum wachsen.

Eine Sommerschale

Um eine alltägliche Fruchtschale in eine attraktive Tischdekoration zu verwandeln, legen Sie einfach ein paar Blumenzweige zwischen die Früchte. Benutzen Sie das Material der jeweiligen Saison; sind Blumen rar, nehmen Sie Blattwerk von Sträuchern und Kräutern.

In Glasschalen mit kleinem Fuß fällt eine Dekoration besonders ins Auge. Die abgebildete Schale mit Obst und Blumen ist als (verzehrbares) Arrangement für die Mitte eines runden Tischs gedacht. Wählen Sie die Blumen so, daß sie das Obst farblich ergänzen, ohne zu viel Aufmerksamkeit auf sich zu ziehen; oder nehmen Sie stattdessen ein paar große Blätter, die Sie zwischen den Früchten verteilen.

◂ **Die sommerliche Fruchtschale**
Um eine bunte Schale mit Sommerfrüchten – hier Trauben, Äpfel, Birnen, Pfirsiche – zusätzlich zu dekorieren, stecken Sie einige Clematiszweige (Clematis viticella) *zwischen das Obst. Auf diese Weise können Sie sämtliche Früchte, aber auch Nüsse angemessen »garnieren«. Duftende Blumen wie Geißblatt oder Jasmin bereichern eine Schale mit Pfirsichen zusätzlich.*

Käse- und Früchtekorb

Jede schlichte Käseplatte wird mit Früchten und Blättern zu einer einladenden Tischdekoration. Sie können dazu Blätter aus dem Garten verwenden, die aber selbstverständlich sauber und nicht giftig sein sollten.

Wählen Sie für diesen Korb Früchte und Nüsse aus, die in Farbe und Form besonders attraktiv sind: Feigen, rote Williamsbirnen, Trauben und Walnüsse betonen den Käse nachdrücklich. Ein paar bunte Apfel-, Salbei- und Rosenblätter schaffen einen weicheren Gesamteindruck.

▸ **Käse- und Früchtekorb**
Ihre Nachspeise wird zu einer Köstlichkeit für die Augen, wenn Sie Käse und Früchte gemeinsam auf einem passenden Teller anrichten. Der hier verwendete aus Stroh ist für den Zweck ideal. Benutzen Sie eine gestärkte, weiße Serviette als Unterlage und arrangieren Sie darauf Käse und Früchte mit ein paar Blattzweigen.

SCHMUCK FÜR NIEDRIGE TISCHE

Couch- und Beistelltische sind ideale Standorte für Blumengestecke. Lassen Sie sich vom Angebot der Jahreszeit leiten und verarbeiten Sie kleine Blumen zu kuppelförmigen Arrangements.

Ein niedriger Tisch darf durch ein Blumenarrangement nicht kleiner wirken. Nehmen Sie Frisch- und Trockenblumen sowie Topfpflanzen, und sorgen Sie dafür, daß das Arrangement »rund« wird, um von allen Seiten gleich gut auszusehen. Das bedeutet, daß die Mitte des Arrangements der höchste Punkt ist, von dem aus sich die Seiten über den Rand des Behälters breiten. Man kann sich auf eine einzige Blumensorte konzentrieren, die die Kuppel bildet – beispielsweise eng gebündelte Schnittrosen oder zwei, drei üppige Tulpensträuße mit stark gekürzten Stielen.

Die Farben des Gestecks sollten wie stets zu der Raumausstattung passen. Übernehmen Sie entweder einen vorhandenen Farbakzent oder kreieren Sie ein harmonisches Farbschema in den Farbschattierungen des Raumdekors.

▼ **RUNDUM-BLICK** ▶
In diesem niedrigen Arrangement wurden gekürzte Chrysanthemen mit auffälligem Blattwerk kombiniert. Die Struktur ist hier besonders wichtig, weil das Ensemble aus der Nähe betrachtet werden kann.

Schmuck für niedrige Tische:

ANLEITUNG

Für das Gesteck benötigen Sie einen Block Steckmasse, in dem Sie das kuppelförmige Arrangement anlegen, sowie einen passenden runden Behälter.

Dieses kleine Tischgesteck basiert auf einem formalen Schema, das durch große Blumen und Blätter seine symmetrische Form erhält. Gruppieren Sie die Pflanzen nach Farben und Strukturen so, daß ein abwechslungsreicher Eindruck entsteht. Die bemerkenswerten Silberbaumblätter liefern einen starken Rahmen für die Chrysanthemenblüten.

Gewagtere Farben oder Kombinationen, die die Gesetze der Farbharmonie durchbrechen, können einem Gesteck zu einer starken Wirkung verhelfen. Man soll zwar, heißt es, Blau und Grün nicht miteinander kombinieren – dieses Arrangement jedoch beweist das Gegenteil.

1 Schneiden Sie die vorgeweichte Steckmasse für den gewählten Behälter zurecht. Die Masse sollte 5 cm über den Gefäßrand hinausragen. Füllen Sie Zwischenräume mit Moos.

2 Schneiden Sie die Chrysanthemen auf die gewünschte Länge und stecken Sie mit ihnen in regelmäßigen Abständen im Steckmassenrand einen regelmäßigen »Kragen«.

MATERIALIEN

~

Chrysanthemen
(Chrysanthemum *'Shamrock'*)

Schneeballbeeren
(Viburnum opulus)

Silberbaum 'Safari Sunset'

Eberraute
(Abrotan)

Schmucklilie
(Agapanthus africanus)

~

Steckmasse

Gartenmoos

3 Stecken Sie kleine Zweige des Silberbaums zwischen die Chrysanthemenköpfe. So entstehen kontrastierende Strukturen und Farben sowie ein allgemeines Formgerüst.

4 Geben Sie dem Arrangement Fülle, indem Sie Lücken mit Eberrautenbeeren schließen und die zarten blauen Schmucklilien einfügen, die Sie zuvor auf 15 cm gekürzt haben.

5 Abschließend stecken Sie rote Schneeballbeeren hinzu, die der Farbpalette Wärme geben. Drehen Sie dabei das Gesteck, um es gleichmäßig füllen zu können.

Eine lila Variante

Dieser kleine moosgefüllte Korb mit Stiefmütterchen ist eine dezente und langlebige Dekoration für einen Beistelltisch.

Nicht nur Frischblumen, auch ein paar Containerpflanzen in auffälligen Farben schaffen an einem solchen Standort eine beeindruckende Dekoration, wie die Abbildung mit den winterfesten Stiefmütterchen in schönen Malven- und Dunkellilatönen veranschaulicht. Setzen Sie die Topfpflanzen in kleine Terrakottatöpfe, und füllen Sie die Zwischenräume in der Schale mit Moos – schon ist ein Blumenarrangement fertig, das die Blicke auf sich zieht. Wenn die Stiefmütterchen verblüht sind, pflanzen Sie sie in den Garten. Gießen Sie die Töpfe regelmäßig. Ist der Behälter nicht wasserdicht, legen Sie ihn zuvor mit einer Plastikfolie aus (*siehe* S. 119). Die Blumenerde sollte stets feucht, aber nicht naß sein.

► **Ein Blumenbeet im Zimmer**
Winterfeste Stiefmütterchen in Terrakottatöpfen bilden in Kombination mit Gartenmoos und Weidenkorb eine rustikale Dekoration.

DIELE UND TREPPENAUFGANG

Für Dielen und Treppenaufgänge eignen sich hohe, schmale Blumenarrangements: Sie schaffen eine einladende Atmosphäre, ohne im Weg zu stehen. Idealerweise haben sie eine klare Silhouette und eine interessante Struktur.

Dielen und Treppenaufgänge gelten als schwer dekorierbar, weil sie meist eng und dunkel sind. Oft weisen sie große Wandflächen auf, was für ein Blumengesteck bedeutet, daß es ebenfalls groß und auffallend sein muß, ohne aber den Durchgang zu behindern, sind doch Diele und Treppenaufgang meist stark frequentierte Verbindungen zwischen den Räumen eines Hauses. Ein kleiner Beistelltisch oder ein schmales Fensterbrett sind der ideale Standort für ein Arrangement. Ist der Treppenbereich groß genug, können Sie auch, wie in der Abbildung, einen kleinen Tisch an das Geländer stellen.

Unser überwiegend gelbes und grünes Arrangement setzt sich aus herbstlichen Frischblumen zusammen; im Winter kann man auch einfach Korkenzieherhaselzweige oder Weidenruten in eine hohe Vase stellen (links). Im Frühjahr wirkt eine Schale mit hohen, duftenden Narzissen (*siehe* S. 96) oder Forsythienzweigen gut an solchen Standorten, im Sommer ein Kübel voller Flieder. Besonders wenn es an Tageslicht mangelt, kann man auch auf Seiden- oder Trockenblumen zurückgreifen.

◂ SCHLICHTER SCHMUCK
Eine hohe, elegante Vase mit Korkenzieherweide (Salix matsudana *'Tortuosa'*) *oder Korkenzieherhasel* (Corylus avellana *'Contorta'*) *liefert eine dauerhafte Dekoration in einer sehr schmalen Diele.*

▸▸ HERBSTZIERDE FÜR DIE TREPPE
Dieses hohe Gesteck hat eine kompakte, dreieckige Form und fällt sofort ins Auge. Mit seinen reichen Herbstfarben schafft es einen ausgewogenen Kontrast zwischen hellen und dunklen Farbtönen.

Herbstzierde für die Treppe:

ANLEITUNG

Dieses eindrucksvolle Arrangement aus großen Blumen und architektonischem Blattwerk benötigt einen unauffälligen Hintergund, der die Qualitäten des Gestecks zur Geltung kommen läßt. Dazu paßt ein schlichter Behälter.

Dieses Arrangement mit Sonnenblumen schöpft seine Stärke aus der Verarbeitung großer, schöner Blüten und klarer Blattformen. Achten Sie bei der Anfertigung darauf, daß das Arrangement weder zu hoch noch zu breit für den Behälter wird. Günstig ist die Pyramidenform: Die Länge der Basislinie entspricht ungefähr den Seitenlängen und die Höhe des Behälters der Hälfte der Basislinie. Auch der Durchmesser des Gefäßes sollte großzügig bemessen sein, andernfalls erscheint das Arrangement dürftig.

TIP: *Entfernen Sie bei einigen der Sonnenblumen sämtliche Blütenblätter. Die verbleibenden dunklen Mitten geben Tiefe und Form.*

1 *Bilden Sie mit Efeu und Fuchsschwanz am Hals des Behälters einen Kragen, der über den Rand hängt. Hinten fügen Sie die federartige Goldrute hinzu, um den Umriß abzustecken, vorne das Johanniskraut.*

MATERIALIEN

~

Breitblättriger Rohrkolben (Typha latifolia)

Goldrute (Solidago)

Panaschierter Efeu (Hedera helix)

Sonnenblumen (Helianthus)

Inkalilie

Johanniskraut (Hypericum)

Fuchsschwanz

2 *Fügen Sie nun die gelben Inkalilien und dann die Sonnenblumen hinzu, um leuchtende Brennpunkte zu schaffen. Die Rohrkolben strecken das Gesteck zusätzlich.*

Variante fürs Treppenfenster

Ein kleiner Tisch vor einem Treppen- oder Dielenfenster kann zu einem dauerhaften Standort für ein Arrangement aus frischen oder künstlichen Blumen werden. Das Licht, das von hinten durch das Fenster fällt, betont die Form der Blumen.

Ein kleiner Tisch vor einem Fenster (möglichst ein Nord- oder Ostfenster) ist ein idealer Standort für Blumen mit kräftiger Farbe, wie hier die Papageientulpen. Tulpen wirken anmutiger, wenn sie locker hängend drapiert sind (sie müssen dazu präpariert werden; *siehe* S. 117). Bei einem besonnten Fenster nehmen Sie besser Seidenblumen.

▶ **Seidentulpen**
Sind keine frischen Tulpen erhältlich, bilden Seidentulpen in Kombination mit echten Blättern eine attraktive Lösung.

▼ **Papageientulpen**
An diesem schmalen Nordfenster mit verhaltenem Licht schaffen kräftige, pinkfarbene Papageientulpen, locker in einem Krug arrangiert, einen Wärmepol.

Dielendekor

Auf Kommoden, Sekretären und kleinen Tischen lassen sich in jeder Jahreszeit wirkungsvolle Blumenarrangements unterbringen. Ein starkes Farbthema wertet solche Standorte auf.

Besonders in der Diele läßt sich die Wirkung eines Blumengestecks dadurch vergrößern, daß Sie es vor einen Spiegel setzen. Allerdings müssen Sie nun darauf achten, daß das Arrangement »rund« ist, also tatsächlich von allen Seiten, auch von hinten, gut aussieht. Ohne Spiegelansicht werden Arrangements auf schmalen Tischen und mit dem Rücken zur Wand in der Regel eher in einer breiten Fächerform angeordnet.

► EIN GRUPPENARRANGEMENT
Auf diesem Kieferntisch stehen in unterschiedlich großen Terrakottatöpfen Sträuße mit gelben Tulpen, Forsythien und Goldruten sowie die Lichtquelle.

▼ EIN EINZELARRANGEMENT
Hyazinthen und Tulpen in einem blauweißen Porzellankrug mit passender Schale schmücken diesen kleinen Waschtisch im ländlichen Dekor.

Im Schrank Eukalyptus

Schränke und Regale kann man gut zum Aufstellen kleiner Blumendekorationen nutzen. Trocken- und Seidenblumen eignen sich dabei für dunklere Standorte, Frischblumen und Topfpflanzen für bessere Lichtverhältnisse.

◂ **Schrankdekoration** *Die Bretter dieses alten Schranks im schwedischen Stil bieten eine Ausstellungsfläche für Terrakottatöpfe. Um mit den Pastelltönen und dem Naturholz ihrer Umgebung zu harmonieren, wurden die Töpfe bemalt und mit getrocknetem Eukalyptus sowie roten Seidenrosen gefüllt. Die symmetrische Anordnung auf den Brettern läßt ein formales Muster entstehen, das die dekorativen Details des Schranks noch betont. Arrangements nach dem Prinzip der dekorativen Wiederholung sollten möglichst schlicht konzipiert sein, damit das Auge nicht von einem einzigen Element gefangen wird.*

Kleine Arrangements zeigen, was in ihnen steckt, wenn sie auf Regalbrettern oder in Schränken plaziert werden. Was ihnen an Größe fehlt, machen sie mit ihrer Wirkung wett. Kleine Terrakottabehälter können je nach Lichtverhältnissen entweder mit getrockneten Pflanzen oder mit Containerpflanzen gefüllt werden, Körbe mit aromatischen getrockneten Kräutern. Vergewissern Sie sich, daß Stil, Farbe und Form von Töpfen und Arrangements mit der Umgebung harmonieren. Kleine Körbe mit Wildblumen passen gut zu einer Kiefernholzküche; sachlichere Gefäße sehen besser auf einer Glasplatte aus.

Die Farben stimmen Sie auf die Raumausstattung ab: Sie gibt einen Rahmen vor, in dem Sie ein vorgegebenes Farbschema kontrastieren oder einen zusätzlichen Farbakzent setzen können, indem Sie eine besonders dominante Farbe aufgreifen.

Eukalyptustöpfe:

ANLEITUNG

Eukalyptus ist dank der grau-grünen Farbe und interessanten Form seiner jungen Blätter eine beliebte Blattpflanze, die in der Kombination mit Schnittblumen für Abwechslung sorgt. Die Blätter lassen sich gut trocknen und stellen hier den tiefroten Seidenrosen einen gedämpften, interessanten Hintergrund.

Das sanfte Rosa-Beige der Terrakottatöpfe betont hier den Eukalyptus, während die roten Seidenrosen einen zusätzlichen Farbakzent setzen.

Für diese Dekoration kann jedes ansehnliche Blattwerk, ob getrocknet oder frisch, verwendet werden. Sie können in der Farbe der akzentsetzenden Blume dem Gefäß folgen. Ein leuchtend gelber Topf beispielsweise wirkt mit Chrysanthemenblüten, die zwischen die Blätter gestreut werden, vorzüglich.

MATERIALIEN

~

Gefärbter, glyzeringetrockneter Eukalyptus

Seidenrosen

~

Trockene Steckmasse

Blumendraht

1 *Schneiden Sie die Eukalyptuszweige auf unterschiedliche Längen zu. Bei einem 15 cm hohen Behälter sollten die längsten Zweige etwa ebenso lang sein. Binden Sie jeweils einige Zweige zu Sträußchen zusammen. Lassen Sie ein Stück Draht als Stiel überstehen.*

2 *Entfernen Sie alle überflüssigen Blätter der kleinen Sträuße, so daß sie eine gleichmäßige Form erhalten. Stecken Sie die Sträußchen nun in die Steckmasse. Beginnen Sie in der Mitte mit dem höchsten Punkt und arbeiten Sie dann im Kreis.*

3 *Nachdem Sie eine gut gerundete Form gebildet haben, stecken Sie die Seidenblumen in die Steckmasse. Verteilen Sie sie im gesamten Arrangement gleichmäßig in allen Lücken zwischen den Blättern.*

TIP: *Bevor Sie die Rosen hinzufügen, kappen Sie möglichst alle herausragenden Pflanzenstiele mit einer scharfen Schere, bis das Arrangement eine schöne, runde Ballform hat.*

Pracht auf dem Schrank

Auf Schränken lassen sich ausgezeichnet Trockenblumen plazieren, entweder locker gebunden oder in Körben vereint. Machen Sie eine einzelne Farbe zum Thema – Gelb beispielsweise, falls Sie mit Sonnenblumen und Schafgarbe dekorieren, oder mischen Sie Blau- und Rosatöne vor einem einfarbigen Hintergrund.

Für Blumendekorationen auf Schränken bieten sich Trockenblumen an, weil sie lange halten und nicht oft ersetzt werden müssen. Falls Sie einen eigenen Garten haben, trocknen Sie Blumen aus Ihren Rabatten, um Regalbretter und Schränke damit zu verschönern (*siehe* S. 120).

In der Abbildung unten bilden die Trockenblumen den botanischen Teil in einem Arrangement mit rustikalen Tontöpfen und Körben. Man kann die Blumen auch in den Körben arrangieren, wobei ein besonderer Effekt entsteht, wenn man die Körbe kippt, so daß die Blumen sich locker über die Fläche verteilen.

Für diese Dekorationen eignen sich besonders Samenstände von Lauch und Mohn, Hortensienblüten, Strohblumen und Rosen sowie Kräuter wie Majoran, Lavendel und Thymian, die alle leicht auf einem Küchengestell getrocknet werden können.

▼ **RUSTIKAL**
Das Gelb von Wand und Krug, kombiniert mit den Farben der Blumen, schafft Wärme. Trockenblumen passen mit ihren zarten Farben gut zu den Naturtönen des Holzes und des Korbgeflechts. Die Samenstände des Lauchs und das Gold der Schafgarbe links verbinden sich mit dem blassen Blaurosa der Hortensien, den rosafarbenen Trockenrosen und den dunkleren Majoranblättern. Gräser und Mohnsamenstände sorgen für Abwechslung der Struktur.

Blumen im Regal

Zwei, drei gleiche Blumensträuße lenken die Aufmerksamkeit auf ein Regal mit Porzellan. In der Abbildung sehen Sie eine Frühlingskombination von Zwergnarzissen und Wolfsmilch, die in Küchengläsern arrangiert vor einer Reihe von Geschirr stehen.

Auf Regalen mit Porzellan findet sich in der Regel immer Raum für ein paar Blumen. Deren Farben sollten mit dem Porzellan entweder harmonieren oder zu ihm kontrastieren. Eine Sammlung blauen Porzellans etwa kommt durch ein paar Töpfe blauer Stiefmütterchen besser zur Geltung, während haferfarben glasierte Tonware eine schöne Begleitung in einer grüngelben Dekoration mit kleinen Narzissen und Wolfsmilch findet. Wählen Sie unauffällige Behälter, um das Augenmerk auf Blumen und Porzellan zu lenken. Auch Trockenblumen eignen sich für solche Standorte, z. B. Lavendel auf einer Kiefernanrichte mit blauweißem Porzellan.

▼ **FRÜHLINGSSTRÄUSSCHEN**
Diese drei schlichten Narzissensträußchen sehen zwischen dem haferfarbenen Geschirr besonders gut aus. Einfache, rustikale Tonware bildet den perfekten Hintergrund für diese Dekoration, deren Wirkung auch durch die Wiederholung erzielt wird: Ein einzelner kleiner Strauß sähe hier unscheinbar aus.

Eine Blumenbühne

Bereiten Sie Ihren Blumendarstellern hinter einer Glastür im Schrank oder in einer kleinen Nische eine freundliche Szenerie. Das Arrangement mehrerer Töpfe mit der selben Blumenart schenkt dem Standort bewegtes Leben.

Auf den Schrankbrettern, deren Vorderkanten mit einer Spitzenborde verziert sind, stehen kleine Terrakottatöpfe mit Tausendschönchen, einer hüschen, rosablühenden Gänseblümchenart.

Sie können dieses Thema in unterschiedlichen Variationen mit Frisch- oder Trockenblumen bzw. Containerpflanzen durchspielen. Nach einer Woche sollten Sie die Pflanzen in den Garten stellen, da sie zum weiteren Wachsen mehr Licht brauchen. Sie können diesen Standort aber auch dauerhaft besetzen, indem Sie den Inhalt der Töpfe alle paar Wochen ersetzen – wie die wechselnden Stücke in einem Repertoiretheater. Wählen Sie Pflanzen der Saison – Frühlingspastel, Herbstgold und Winterbeeren – oder stellen Sie ein dauerhaftes Arrangement aus Trocken- oder Seidenblumen an diesen Standort.

Achten Sie darauf, daß die Größenverhältnisse zwischen den bepflanzten Töpfen und dem Schrank stimmen und daß die Dekoration zur Einrichtung paßt. Die Anzahl der Töpfe liegt in Ihrem Ermessen.

► **BLUMENSZENE**
Tausendschönchen passen gut in kleine Terrakottatöpfe, da sie selbst kaum größer sind und so den Raum zwischen den einzelnen Brettern fast ausfüllen. Alternativ nehmen Sie kleine Pelargonien (Pelargonium) *oder Eisenkraut. Zu einer modernen Einrichtung passen winzige Farne, die auch die kargen Lichtverhältnisse des Standorts besser vertragen.*

Künstliche Blumen im Kamin

Ausladende Arrangements aus getrockneten oder künstlichen Blumen verwandeln einen unbenutzten offenen Kamin in einen hellen, lebendigen Anziehungspunkt.

Im Sommer, wenn es überall preiswerte Blumen aller Art gibt, können Sie für Ihren stillgelegten Kamin schmucke Arrangements aus Frischblumen anfertigen. Im Frühling und Herbst jedoch füllen Sie die dunkle Öffnung an Tagen, an denen Sie den Kamin nicht befeuern, mit einem Ensemble von Trocken- oder Seidenblumen.

Ob nun frisch, künstlich oder getrocknet, die Blumen sollten in jedem Fall auffällig und groß genug sein, um die Kaminöffnung auszufüllen und den Blick auf sich zu ziehen. Wählen Sie die Pflanzen in Farben, die mit dem Zimmerdekor harmonieren, und benutzen Sie zum Auffüllen des Arrangements auch lange Zweige, die getrost über die Kaminöffnung hinausreichen können. Die endgültige Gestalt Ihrer Komposition hängt letztlich von der Form des Kamins ab, der den Rahmen absteckt.

▼ **Kamindekoration**
Ein schöner Marmorkamin wird hier von einer Anzahl bunter Trocken- und Seidenblumen in herbstlichem Gold, Rost und Grün ausgefüllt. Um sicherzustellen, daß Größe und Form des Arrangement den Bedingungen des Standorts entsprechen, werden die Blumen günstigerweise am Ort gesteckt.

Künstliche Blumen im Kamin:

ANLEITUNG

Für ein so großes Arrangement benötigen Sie viele Blumen. Trocken- und künstliche Blumen sind zwar teuer, aber Sie sollten beim Kauf nicht sparsam sein – die Blumen sind durch ihre unbegrenzte Haltbarkeit immer eine lohnenswerte Anschaffung.

MATERIALIEN

~

Gefärbter, getrockneter Eukalyptus
Getrocknete Hortensie
(Hydrangea arborescens *'Annabelle'*)
Seidenschafgarbe
Samenstand der Mohnblume
(Papaver)
Pergamentpfingstrose
Seidenfreesie
Pergamentrose

~

Steckmasse

Für ein großes Dauerarrangement können alle Arten getrockneter und künstlicher Blumen verwendet werden. Idealerweise greift man zu architektonisch wirkenden Blumen, etwa Hortensien; falls Sie sie im eigenen Garten haben, können Sie sie leicht und schnell selbst trocknen. Günstig sind auch die großen, auffälligen Blüten der Schafgarbe *(Achillea millefolium)* oder ein großer Strauß Weizen und Gerste, die besonders in einem modernen Kamin einen schönen Blickpunkt schaffen.

Nehmen Sie als Basis ein großes Gefäß, zum Beispiel einen Ledereimer oder einen Terrakottatopf mit weitem Hals. Blöcke trockener Steckmasse werden so in das Gefäß geklemmt, daß etwa 5 cm über den Rand hinausstehen; so finden auch seitlich ausgerichtete Blumen noch Steckplatz, und das Arrangement erhält den notwendigen Umfang.

Die Eckpunkte des Arrangements markieren Sie mit den größten Blättern, zwischen die Sie dann die Blumen stecken. Beginnen Sie dabei mit den größeren Blüten, die die Gesamtgestalt schaffen. Für eine stärkere Wirkung bündeln Sie die Samenstände der Mohnblumen zu kleinen Sträußen.

1 Nachdem Sie die Steckmasse so in das Gefäß geklemmt haben, daß sie knapp über den Rand hinausragt, stecken Sie die Eukalyptuszweige fächerförmig hinein, wobei Sie die Ausmaße der Kaminöffnung beachten.

2 *Fügen Sie zwei Hortensienblüten am unteren Rand und zwei am oberen hinzu und stecken Sie dann kleine Sträußchen von Mohnsamenständen und Schafgarbe dazwischen.*

3 *Geben Sie dem Arrangement mit Rosen, Freesien und Schafgarbe weitere Fülle, wobei Sie Formen und Farben gleichmäßig über das ganze Gesteck verteilen.*

4 *Überprüfen Sie das Gesteck auf Lücken und Zwischenräume, die Sie mit einzelnen Objekten füllen. Abschließend prüfen Sie sowohl die Seiten- wie die Vorderansicht.*

Seidenblumen-Variante

Ein Krug mit seidenen Sonnenblumen, umrahmt von einigen Topfpflanzen zum Füllen des Standorts, ist eine moderne und unaufwendige Dekorvariante.

Arrangements müssen nicht kunstvoll sein, um zu wirken. Einfache Formen und kräftige Farben sind meist der Schlüssel zum Erfolg, besonders wenn die verwendete Blume an sich schon aussagekräftig ist. Zu den frischen Sonnenblumen passen auch Hortensienblüten. Wählen Sie dazu ein ausdrucksstarkes Gefäß – ein Terrakotta- oder Keramiktopf ist ideal. Die Farben sollten der Raumausstattung entsprechen; in unserem Beispiel greift das Gelb der Sonnenblumen das leuchtende Gelb der Wände auf und verstärkt damit die freundliche, entspannte Atmosphäre.

► **Sonnenblumen und Farn**
Ein Krug mit seidenen Sonnenblumen, umrahmt von zwei Farnen – Nephrolepis exaltata *'Bostoniensis' und* Asplenium scolopendrium *'Maraginatum' –, dominiert diese moderne Sommerdekoration.*

Eukalyptus-Wandkranz

Kränze können aus Trocken- oder Frischblumen, Kräutern oder Blättern und in runder oder ovaler Form angefertigt werden, wobei das Material mit Draht auf einen Kranzkörper gewickelt wird.

Kränze oder Girlanden an der Tür wirken einladend und beleben eine kahle Wandfläche. Ob fröhlich bunt oder elegant einfarbig, sind sie ein natürlicher Blickfang. Eine hängende Dekoration kann für einen festlichen Anlaß, aber auch als ganzjähriger Schmuck angefertigt werden. Die längste Haltbarkeit gewähren Trockenblumen, Blätter oder Gräser. Zum einmaligen oder saisonalen Gebrauch nehmen Sie dagegen Frischmaterial. Kränze müssen nicht kunstvoll sein; auch einfache mit nur einer Blumen- oder Blattsorte können sehr attraktiv wirken – ein schönes Beispiel sind ein paar kleine Reifen Lavendel an einer Wand. Auch paarweise finden Kränze oder Girlanden Verwendung, zu beiden Seite eines Spiegels, eines Kaminschachts oder einer Tür.

▲ **Eukalyptuskränze**
Für eine schwer dekorierbare Stelle wie einen geneigten Kaminschacht bieten sich kleine Eukalyptuskränze geradezu an. Kränze sind vielseitig verwendbar – sie können an Kaminschächte, Türen und Schränke oder in Fenster gehängt werden. Nutzen Sie die Vielzahl möglicher Formen und Farben.

Eukalyptus-Wandkranz:
ANLEITUNG

Vielleicht die schönsten Kränze, wie dieser aus Eukalyptusblättern, sind aus nur einer Blumen- oder Blattsorte angefertigt. Die Blattstruktur macht dabei den größten Reiz aus.

Dieser Kranz ist ein Dauerwandschmuck, der besonders auf einfachen, hellen Wänden oder in Fenstern zur Geltung kommt. Nehmen Sie noch ein paar Seiden- oder Trockenblumen in Kontrastfarben hinzu, und es entsteht eine dekorativere Variante. Befestigen Sie an den Blütenstielen Stützdrähte und stecken Sie sie in regelmäßigen Abständen in den Kranz.

MATERIALIEN

~

Gefärbter, getrockneter Eukalyptus

~

Starker Blumen- oder Gartendraht
Dünner Blumendraht

1 Bilden Sie eine Kranzform, indem Sie starken Draht zu einem Ring mit etwa 25 cm Durchmesser biegen. Die Drahtenden können Sie mit dünnem Wickeldraht fest miteinander verbinden.

2 Umhüllen Sie die Kranzform mit Eukalyptuszweigen, die Sie zur Befestigung locker mit dünnem Blumendraht umwickeln. Falls Sie beim Biegen der holzigen Stiele Schwierigkeiten haben, schneiden Sie sie ab.

3 Knipsen Sie ein paar kurze Eukalyptuszweige ab und bündeln Sie sie mit dünnem Draht zu kleinen Sträußen von drei bis vier Zweigen. Binden Sie sie so an den Kranz, daß das untere Ende eines Straußes vom oberen Ende des nächsten verdeckt wird. Formen Sie eine kleine Drahtschlinge als Aufhängung.

Trockenblumen-Kranz

Benutzt man nur eine einzige Pflanzenart für einen Kranz, wird die Kranzform selbst zum wesentlichen Dekorationsfaktor, der die Aufmerksamkeit auf sich zieht. Weiche Farben, wie die hellen Gelb- und gedämpften Malventöne der beiden abgebildeten Kränze, unterstreichen diese Intention.

Die beiden Kränze zeigen alternative Formvarianten. Der Kranz aus Flachssamen im Bild unten wird auf eine moosbedeckte Kranzform gebunden (*siehe* S. 71), der kleine, ovale Kranz aus Majoran (rechts) auf eine einfache Drahtform (*siehe* gegenüber).

Auch bei kleinen Kränzen wählt man Form und Material passend zur Zimmereinrichtung. Getreide und Gräser passen in zwanglose Einrichtungen im Landhausstil, während sich bei einer modernen Raumausstattung elegante architektonische Formen anbieten.

▼ **Majoran- und Eukalyptuskranz**
Getrocknete Majoranblüten duften stark. Eng gebündelt und kombiniert mit Eukalyptusblättern unterstreichen sie hier die traditionelle Einrichtung eines Landhauses. Ein Krug mit Südseemyrte bringt ein Stück Geheimnis ins Bild.

◄ **Flachssamenkranz**
Die beerenartige Struktur der Flachssamen unterstützt die klare Kreisform dieses kleinen Kranzes, der zu eleganter wie rustikaler Einrichtung paßt.

TÜRKRANZ MIT KRÄUTERN

Dieser Türkranz ist nicht nur schön, er duftet auch herrlich und wurde aus frischen Kräutern und Blumen angefertigt, die am Standort trocknen. Der Duft der Kräuter während des Trockenprozesses erfüllt den Raum für Monate.

Frische Kräuter sind großartige Kranzmaterialien. Nehmen Sie farbige und duftende Kräuter aus Ihrem Garten oder dem Geschäft. Die Duftquellen hier sind Salbei und Lavendel. Arrangieren Sie Kräutersträußchen in Vierergruppen auf dem Kranz. Nutzen Sie die Blätter für die Kranzform; die Blumen stecken Sie als Füllmaterial dazwischen.

▼ **DUFTENDER KRANZ**
Dieser Kranz besteht aus violett- und blaublühendem Lavendel sowie Borretsch bzw. farbigen Kräuterblättern vom lila Salbei, der mit den lindgrünen Blüten des Frauenmantels kontrastiert.

Türkranz mit Kräutern:

ANLEITUNG

Für den Kräuterkranz benötigen Sie eine Kranzform aus Draht von etwa 25 cm Durchmesser. Die Kranzform wird mit Moos bedeckt, um den Halt für Blumen und Blätter zu verbessern.

Binden Sie das Moos mit einer Schnur auf den Drahtkranz. Er muß ausreichend mit Moos bedeckt sein, das Moos zudem gut befestigt. Sie können alle erhältlichen Kräuter und blühenden Pflanzen verwenden, sollten aber jeweils eine ausreichende Menge bereitlegen, um gleichdicke Sträuße im Kranz verteilen zu können; die Wirkung entsteht durch die Wiederholung von Farbe und Form. Wählen Sie stark aromatische Kräuter mit einem ausgesprochen harmonischen Farbthema.

1 Befestigen Sie das Moos mit Schnur so auf dem Drahtring, daß die gesamte Kranzform bedeckt wird.

2 Ist das Moos verteilt, verknoten Sie die Schnur und schneiden Sie sie an einer Seite ab.

3 Umwickeln Sie jeweils sechs Kräuter und 6 Blumen einer Sorte mit Blumendraht zu Sträußen.

4 Verteilen Sie zuerst die Kräutersträußchen, mit den Stielen nach innen, gleichmäßig im Kranz.

5 Fügen Sie nun die Blütensträußchen hinzu, wobei Sie den Steckwinkel variieren sollten.

MATERIALIEN

~

Salbei (Salvia officinalis), *Perlpfötchen* (Anaphalis), *Lavendel* (Lavandula sp.), *Borretsch* (Borago), *Jungfer im Grünen* (Nigella damascena), *Frauenmantel* (Alchemilla mollis), *Edeldistel* (Eryngium), *Muskatellersalbei* (Salvia sclarea)

~

Kranzform, Moos, Schnur
Dünner Blumendraht

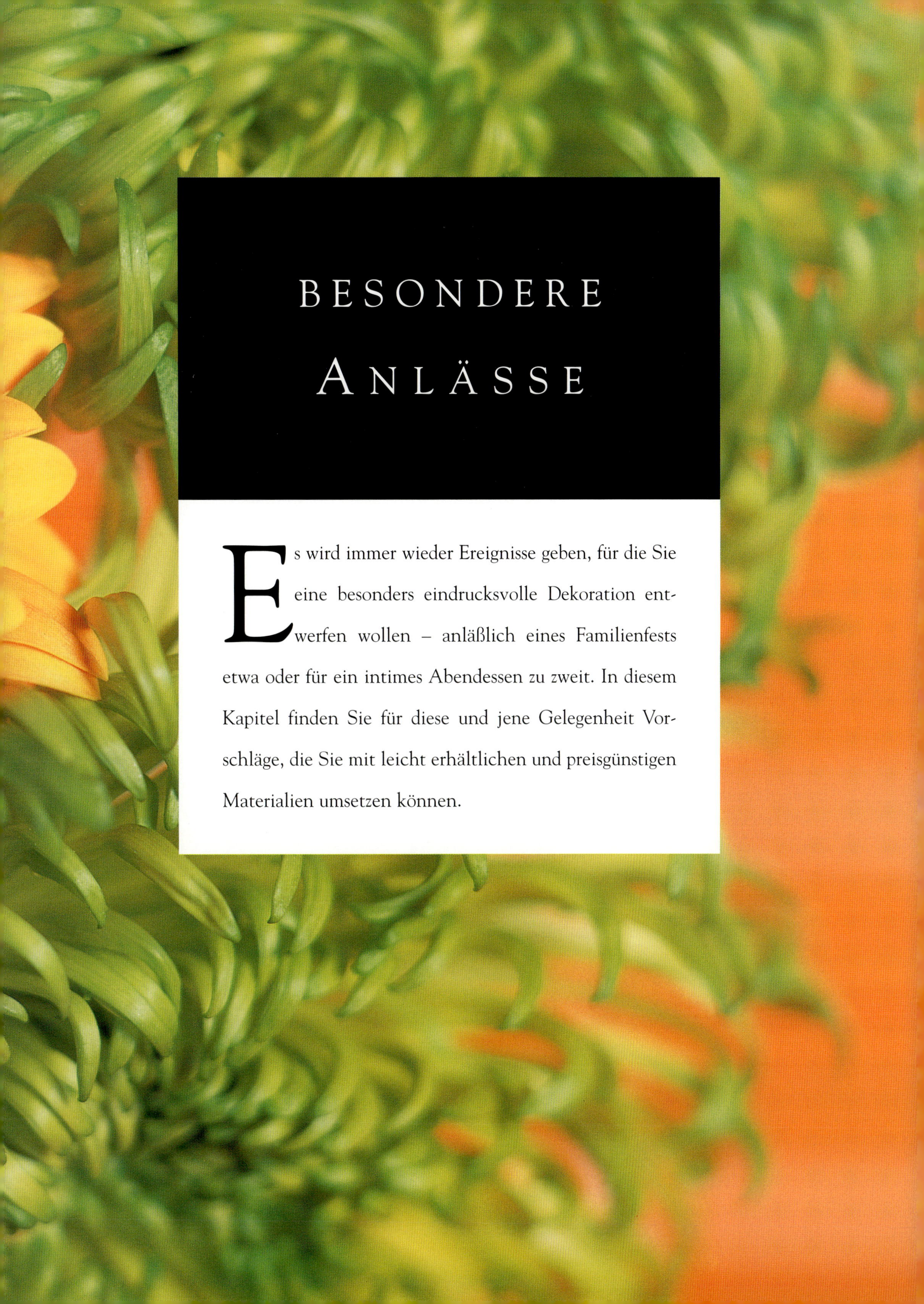

BESONDERE ANLÄSSE

Es wird immer wieder Ereignisse geben, für die Sie eine besonders eindrucksvolle Dekoration entwerfen wollen – anläßlich eines Familienfests etwa oder für ein intimes Abendessen zu zweit. In diesem Kapitel finden Sie für diese und jene Gelegenheit Vorschläge, die Sie mit leicht erhältlichen und preisgünstigen Materialien umsetzen können.

TISCHLÄUFER AL FRESCO

Ein festliches Essen im sommerlichen Garten krönt die schönste Jahreszeit. Da ist ein eleganter Tischschmuck unverzichtbar.

Diese Dekoration für eine Sommerfesttafel geht auf die schöne französische Tradition zurück, mit der Familie und Freunden im Schatten eines Baumes an einem langen Tisch zu speisen. Die perfekte Lösung für einen schmalen Tisch ist dabei eine Dekoration, die mittig über die gesamte Länge führt. Sie läßt sich sehr vielseitig gestalten, wobei man entweder die Natürlichkeit oder die Eleganz des Gedecks hervorhebt. Die Blumen – zwei Rosenarten und Frauenmantel – schaffen eine rustikale Atmosphäre, die besonders einem entspannten Familien-, Freundes- oder Nachbarschaftstreffen entgegenkommt. Zugleich sind die Blumen elegant genug, auch ein sommerliches Hochzeitsfrühstück zu begleiten. In diesem Fall binden Sie für jeden Gast aus einer Rose und einigen Zweigen Frauenmantel ein Knopflochsträußchen, das seinen Teller ziert.

◄ **Sommergirlande**
Dieser Tischläufer aus Blumen wird in Steckmasse auf Plastikuntersetzern aufgebaut – beides ist unter dem Blattwerk verborgen. Den Mittelpunkt bilden weiße Rosen aus dem eigenen Garten oder dem Geschäft.

Tischläufer al fresco:
ANLEITUNG

Sie benötigen ausreichend Plastikuntersetzer, um die gesamte Tischlänge zu füllen, und genügend nasse Steckmasse, um die Pflanzen zu halten. Einfaches Laubwerk und schlichte Blumen machen das Grünmaterial aus.

Diese Tischdekoration sieht kompliziert aus, ist aber schnell und leicht anzufertigen. Schneiden Sie den Steckmassenblock in 2,5 cm dicke Scheiben, die Sie eine halbe Stunde einweichen. Verteilen Sie dann die Scheiben auf den Untersetzern. Legen Sie sich Blattwerk und Blumen auf einer großen Arbeitsfläche zurecht.

MATERIALIEN

~

Frische Gartenrosen:
Rose 'Sander's White Rambler'
Rose 'Iceberg'
Frauenmantel (Alchemilla mollis)
Unterschiedliche Blattsorten:
Glyzinien- (Wisteria sp.) *und*
Pelargonienblätter (Pelargonium)

~

4 Blöcke längs halbierter, nasser Steckmasse
4 Plastikuntersetzer

1 Verbergen Sie mit den Blättern zunächst die Außenseiten der halbierten Steckmassenblöcke.

2 Verdecken Sie nun mit zwei bis drei Blättern der anderen Sorte die Oberseite der Steckmasse.

3 Füllen Sie die Lücken mit Frauenmantelzweigen, um den Rosen eine farbliche Basis zu geben.

4 Verteilen Sie die Rosen als illustre Protagonisten gleichmäßig auf das gesamte Gesteck.

TIP: *Sie können bei der Anfertigung des Tischläufer auf zweierlei Weise vorgehen: Entweder stellen Sie die Gestecke nacheinander fertig oder Sie vollziehen jeweils die einzelnen Arbeitsschritte an allen Gestecken.*

Bunte Variante

Diese Tischdekoration wirkt gemütlich und heiter. Zu jedem Gedeck gehört ein Blumenarrangement in einem Becherglas, das farblich auf Geschirr und Tischtuch abgestimmt ist.

Wenn Sie keine aufwendige Tischdekoration wünschen oder nicht genügend Platz vorhanden ist, fertigen Sie mehrere kleine Einzelarrangements aus denselben Komponenten an; stellen Sie sie zu jedem Gedeck oder mehrere in eine Reihe in die Tischmitte.

Das primäre Stilprinzip liegt in der Abstimmung der Gefäße und Blumen mit Farbe und Stil von Geschirr und Tischdecke. Das Farbschema dieser Dekoration aus Lindgrün, Grün und Orange folgt den Farben des Tischtuchs, der Stühle und der Trinkbecher.

Wenn Ihnen diese farbenfrohe Dekoration gefällt, Ihnen aber die geeigneten Gefäße fehlen, greifen Sie zu einfachen Blechdosen, die Sie in kräftigen Farben bemalen: Stahlblau, Leuchtendrot und Sonnenblumengelb. Arrangieren Sie dann beispielsweise rote Gazanien in einer gelben Dose, blaue Kornblumen in einer roten und gelbe Gänseblümchen in einer blauen Dose. Schön bunt.

▼ **ALLES PASST ZUSAMMEN**
Solange Sie Blumen und Dekor aufeinander abstimmen, wird Ihnen jede Tischdekoration gelingen. In der Abbildung sehen Sie schlichte, zwischen den Plätzen aufgereihte Glasbecher, die mit kleinen Sommerblumen gefüllt sind: Gerbera, Frauenmantel (Alchemilla mollis), *Saflor* (Carthamus) *und Goldrute* (Solidago). *In den Farben der Blumen finden sich jene von Geschirr, Stühlen und Tischtuch wieder – eine fröhliche, sommerliche Dekoration.*

Dinner bei Kerzenschein

Ein außergewöhnlicher Anlaß verdient ein besonders schönes Gesteck. Dieses romantische kleine Kerzenarrangement macht ein jedes »Dinner für zwei« zu einem Erfolg.

Jeder schätzt den Charme von Kerzenlicht. Die Abbildung zeigt ein kleines sommerliches Tischarrangement im Freien, aber Sie können die Materialien entsprechend der Jahreszeit und dem Angebot in Garten oder Geschäft beliebig variieren.

Bei allen Kerzengestecken sollte die brennende Kerze nie unbeaufsichtigt bleiben. Ist sie heruntergebrannt, wird sie einfach durch eine neue ersetzt – wenngleich eine dicke Kerze wohl eine ganze Mahlzeit durchhalten wird, ehe sie das Gesteck entzündet ...

Für ein Tischarrangement al fresco sind Gartenblumen stets besonders gut geeignet. Wählen Sie solche mit federähnlichen Blüten, etwa den Frauenmantel, oder Blumen mit einfachen Blütenformen (Stiefmütterchen oder kleine Clematis). Kombinieren Sie sie mit Gartenrosen, die ihrerseits Fülle, große Formen und Duft beitragen. Ein einfaches Gefäß, in Blätter gebunden, betont die natürliche Wirkung des Gestecks.

▼ **Stiltip**
Eine weiße Faltentischdecke verleiht jedem Gedeck einen Hauch von Eleganz und verbirgt mögliche Mängel des Gartenmöbels. Das Gesteck sollte, wie hier, in seinen Dimensionen im richtigen Verhältnis zu denen des Tisches stehen.

▲ Der Charme von Kerzenlicht

Kerzenlicht sorgt für eine sehr weiche romantische Beleuchtung, die aber einen windgeschützten Ort erfordert. Zusätzlich können kleine Kerzenlichter in moosgefüllten Gläsern den Tisch beleuchten. Auch Gartenfackeln und Laternen, an einer Mauer oder Laube befestigt, erfüllen diesen Zweck.

Dinner bei Kerzenschein:

ANLEITUNG

Als Gefäß dient ein einfaches Becherglas, das Sie mit Steckmasse füllen, in der die Kerze festen Halt findet. Das Glas verschwindet in einem Mantel aus Blättern.

Das Gesteck entsteht in mehreren, einfachen Schritten. Am schwierigsten ist dabei, die Blätter um das Glas zu binden. Das geht leichter, wenn Ihnen jemand die Blätter hält, damit sie nicht verrutschen, ist aber auch mit einer Hand möglich. Eine dicke weiße Kirchenkerze, die nur langsam herunterbrennt, eignet sich am besten. Für die Dekoration des Glases sammeln Sie beliebige, möglichst große Blätter aus dem Garten. In unserem Beispiel sind es Funkieblätter, aber die der Magnolie eignen sich ebenso. Für das Gesteck wurden Gartenrosen *(Rosa)*, Geranie *(Pelargonium)*, kleine Stiefmütterchen *(Viola sp.)* und Frauenmantel *(Alchemilla mollis)* verwendet. Sie können die Auswahl beliebig abwandeln, je nach dem, welche Blumen gerade erhältlich sind. Wählen Sie eine dominante große Blume aus, um die Sie einige kleinere zum Auffüllen der Lücken gruppieren.

1 *Füllen Sie das Glas dicht mit nasser Steckmasse; sie sollte ein wenig aus dem Gefäß herausragen.*

2 *Schneiden Sie die Steckmasse etwa 2,5 cm über den Glasrand mit einem scharfen Messer ab.*

3 *Wickeln Sie die Blätter um das Glas und binden Sie sie mit Naturbast fest.*

MATERIALIEN

~

Rosen (Rosa)
Geranie (Pelargonium sp.)
Frauenmantel (Alchemilla mollis)
Stiefmütterchen (Viola sp.)
Funkieblatt (Hosta sp.)

~

nasse Steckmasse
Kerze
kräftiger Blumendraht
kräftiges Klebeband
Naturbast (Raffia)

4 Schneiden Sie die unteren Blattenden auf Höhe des Glasbodens ab, um Standfläche zu schaffen.

5 Kleben Sie mit einem Klebeband zwei oder drei Stücke Draht längs an das untere Kerzenende.

6 Drücken Sie die Kerze fest in die Steckmasse. Knicken Sie nun die Blattenden in eine Sternform.

7 Stecken Sie die kleinen Zweige des Frauenmantels gleichmäßig um die Kerze herum in die Masse.

8 Plazieren Sie die Rosen (mit Blättern) und die Geranie zwischen die Frauenmantelzweige.

9 Dekorieren Sie zuletzt die Oberseite des Gestecks mit ein paar zarten Stiefmütterchen.

Platzdekoration

Ein schwimmendes Nachtlicht in einer niedrigen Wasserschale: Blickfang eines zauberhaften Arrangements.

Für dieses wunderschön beleuchtete, individuelle Platzarrangement wurden dekorierte Schwimmkerzen mit dem Serviettenschmuck kombiniert.

Die lila Blätter des Purpurglöckchens *(Heuchera micrantha* 'Palace Purple') sind mit der Oberseite nach unten um den Fuß einer Glasschüssel gruppiert und lose mit Frauenmantelzweigen *(Alchemilla mollis)* bedeckt. In der Schale schwimmen Blüten einer exotischen Clematis, dazwischen hellgrüner Frauenhaarfarn *(Adiantum sp.)*. Die Servietten wurden mit einem Heucherablatt und einem Farnwedel geschmückt.

▲ **Stiltip**
Weiße Damastservietten wirken noch eleganter, wenn man sie mit dekorativen Blättern (mit Draht befestigt) schmückt.

Festlicher Wintertisch

Immergrünes Blattwerk, Beeren und Zapfen bilden zusammen mit Kerzen ein vorweihnachtliches Arrangement, das die Tischmitte schmückt.

Dieses festliche Tischarrangement ist für eine winterliche Abendrunde gedacht: Blätter, Tannenzapfen und Samenstände sind nur in der kalten Jahreszeit im Garten zu finden. Eindrucksvoll zeigt es die besondere Wirkung von nur zwei Farben: Grün und Weiß; eine derart beschränkte Farbskala paßt zu fast allen Einrichtungsstilen – zur eleganten Stadtwohnung ebenso wie zum rustikalen Landsitz.

Winterblätter haben ganz spezielle Eigenschaften. Im abgebildeten Arrangement spiegeln die seidigen Blätter der Zimmeraralie das weiche Kerzenlicht wider, der panaschierte Ilex sorgt unterschwellig für Helligkeit, und die Tannenzapfen bilden Fixpunkte der Gesamtstruktur. Diese Dekoration kann jedem festlichen Anlaß angepaßt werden: Zu Weihnachten nehmen Sie statt weißer Kerzen rote sowie scharlachrote Beeren anstelle der abgebildeten weißen Samenstände der Zimmeraralien; und zum Erntedankfest verwenden Sie goldene Kerzen und goldbesprühte Beeren.

Diese Dekoration ruht in einem Drahtkorb mit Kerzenhaltern, der zunächst mit Moos, dann mit Plastikfolie ausgelegt wurde. Aber jede erhöhte Basis von passender Größe ist ebenso geeignet, beispielsweise eine silberne Rosenschale oder eine Kuchenplatte aus Porzellan. Sie können Eierbecher zu Kerzenständern umfunktionieren, die Sie unter Moos verbergen.

► **Klassischer Kerzenschmuck**
Bei einem Gesteck für die Tischmitte ist es wichtig, daß die Dekoration der Tischgröße und -form entspricht. Weder sollte der Tisch unter dem Arrangement verschwinden, noch sollte das Gesteck verloren wirken. Es sollte auch nicht die Sicht zwischen einander gegenüber Sitzenden versperren. Bei einem kleineren Tisch nehmen Sie als Basis für die Dekoration eine flache Schale.

Festlicher Wintertisch:

ANLEITUNG

Die fingerförmigen Blätter der Zimmeraralie bilden die Grundlage für dieses Arrangement, das durch Zapfen und Samenstände an Höhe gewinnt. Aus den restlichen Blättern und Farnkrautzweigen können Sie dazu Einzelgestecke für den Tisch herstellen.

MATERIALIEN

~

Blätter der Zimmeraralie (Fatsia japonica)
Buchsbaum (Buxus sp.)
Panaschierter Ilex (Ilex sp.)
Efeu (Hedera sp.)
Lärchenzapfen und -zweige (Larix sp.)
Tannenzapfen
Samenstände der Zimmeraralie (Fatsia japonica)

~

Steckmasse
Plastikfolie
Blumendraht
Kerzen

Die Abmessungen dieses Ensembles für die Tischmitte hängen von Größe und Form des Grundgefäßes ab. Ziel ist es, rund um den Gefäßrand einen Blätterkragen zu legen, der das Arrangement trägt. Dafür empfiehlt sich ein ziemlich flaches Gefäß, das nicht unbedingt einen Fuß braucht, da der herabhängende Blätterkragen die Basis ohnehin verdeckt. Der hier verwendete ovale Drahtkorb ist ideal, aber eine Rosenschale oder eine flache Obstschüssel mit kurzem Fuß erfüllen den Zweck ebensogut.

Sie können beliebiges immergrünes Blattwerk benutzen, vorausgesetzt, Sie schaffen eine ansprechende farbliche Mischung.

Das Tischarrangement

1 Wenn Sie einen Korb verwenden, kleiden Sie ihn zunächst mit Moos aus. Darauf legen Sie zurechtgeschnittene Plastikfolie als wasserdichte Einlage. Setzen Sie die vorgeweichte Steckmasse in den Korb.

2 Entlang den Behälterinnenseiten stecken Sie die großen Blätter der Zimmeraralien und schaffen so einen Kragen, der den Rand verdeckt. Dann fügen Sie Buchsbaumzweige zu einer zweiten, etwas erhöhten Schicht hinzu.

3 Arrangieren Sie Ilex und Efeu in der Mitte und zwischen ihnen die Lärchenzweige. Umwickeln Sie Tannenzapfen mit Draht und befestigen Sie sie und die Araliensamenstände im Zentrum des Arrangements. Nun stellen Sie die Kerzen in die Kerzenhalter.

▲ Licht und Dunkelheit

Eine elegante Dekoration für die Tischmitte lebt durch die Kombination dunkler und panaschierter Blätter mit hellen Samenständen und Kerzen. Betrachtet man die Komponenten dieses Tischgestecks aus der Nähe, kann man die unterschiedlichen Strukturen und den Farbkontrast bewundern, der durch Blätter und Kerzen entsteht. Wichtig ist, nur wenige Farben zu verwenden, um wie im abgebildeten Beispiel die Wirkung von Struktur, Form und Farbe zu verstärken und damit jenen Reiz zu schaffen, der sonst durch eine größere Farbvielfalt entsteht.

Platzdekoration

1 Sie brauchen Farn- und Buchsbaumzweige sowie Lärchenzapfen. Kleben Sie die zurechtgeschnittenen Farnzweige um einen kleinen Block Steckmasse. Stutzen Sie sie auf gleiche Höhe, wenn der Kleber trocken ist.

2 Stecken Sie nun die Buchsbaumzweige und Zapfen in die Steckmasse, binden ein goldenes Band um den Block und verknoten das Band.

Weihnachtsgirlande mit Früchten

Eine künstliche Fertiggirlande läßt sich im Handumdrehen mit Beeren, Zapfen, Winterblättern, Früchten und Bändern in einen weihnachtlichen Dielenschmuck verwandeln, der Ihren Gästen ein festliches Willkommen bereitet.

Mit einer bunten, duftenden Girlande können Sie zu vielen Anlässen zahlreiche Standorte in Ihrem Heim nachdrücklich verschönern – sei es ein Treppengeländer, einen Kamin oder eine Tür. In jedem Fall entsteht sogleich eine festliche Atmosphäre.

Eine künstliche Fertiggirlande, ungeschmückt im Geschäft erhältlich, ist eine gute Ausgangsbasis für eine selbstgefertigte Dekoration. Wenn Sie allerdings den Duft frischer Kiefer schätzen, fertigen Sie doch die Girlandenbasis selbst an. Binden Sie dazu große schwarze Plastiksäcke mit Draht zu einer kompakten Schlange zusammen, und drahten Sie dann lückenlos Kieferzweige um diese Basis.

Haben Sie diese Girlande an ihrem Standort befestigt, können Sie sie nach Belieben dekorieren. Falls Sie sie über einer Kaminöffnung aufhängen, sollten Sie allerdings ein Kamingitter verwenden und (trotzdem) achtgeben wegen der Brandgefahr.

Zum Schmuck der Girlande können Sie eine ganze Reihe frischer und getrockneter Materialien verwenden: Zweige immergüner Blätter – am schönsten sind Efeu, Ilex und Kiefer –, sowie jede Sorte farbiger Beeren wie Zwergmispel oder Feuerdorn. Sie können auch künstliche Objekte benutzen, die nicht vertrocknen. Auch frische Früchte – Orangen, Zitronen und Äpfel – lassen sich mit Draht in die Girlande integrieren, ebenso Tannenzapfen, die für Volumen und Duft sorgen. Zusammengebundene getrocknete Orangen- oder Zitronenscheiben sind eine weitere attraktive Zutat, und kleine Terrakottatöpfe mit Blumen oder Beeren vervollständigen das einladende Bild.

► **Eine Geländergirlande**
Ein schmaler, farblich neutraler Treppenaufgang erfährt durch diese prächtige Girlande eine festliche Veränderung. Bänder mit Tartanmuster, Feuerdornbeeren in gelben und orangefarbenen Trauben, die Blätter des panaschierten Ilex und einige leuchtende Mandarinen setzen die bestimmenden Farbakzente.

▲ **Eine Kamingirlande**
Läßt man die bunten Zutaten der Geländergirlande weg, entsteht diese Kamingirlande. Berücksichtigen Sie bei einer solchen Dekoration aber die Gefahr durch das Feuer – für die Aufnahme wurde das schützende Kamingitter kurzzeitig entfernt.

Weihnachtsgirlande mit Früchten: ANLEITUNG

Die Girlande basiert auf einer künstlichen Kieferngirlande, die mit Blättern, Früchten, Tannenzapfen, Terrakottatöpfen, Farnkrautzweigen, Bändern und Beeren geschmückt wird. Man befestigt das Gerüst vor dem Dekorieren am Geländer.

Wählen Sie zunächst den Standort Ihrer Weihnachtsgirlande, um die Länge der künstlichen Basisgirlande zu bestimmen. Ein Treppenschmuck kann über dem Treppenaufgang hängen oder das gesamte Geländer bedecken.

Sammeln Sie dann in genügender Anzahl die gewünschten Dekorationsobjekte. Wählen Sie ein tonangebendes, das Sie in erster Linie verwenden wollen: große Tannenzapfen oder Mandarinen, die Sie gleichmäßig in der Kunstgirlande unterbringen. Efeu- und Ilexbündchen binden Sie in die Zwischenräume. Verbleibende kahle Stellen kaschieren Sie mit Schleifen aus Dekoband.

Die Dekorationsobjekte müssen über die gesamte Länge der Girlande verteilt werden – Sie sollten also nicht alle Beeren an einer Stelle konzentrieren. Ziel ist es, eine farblich und formal ausgewogene Komposition zu schaffen.

In unserem Beispiel, das sich über die Gesamtlänge des Treppengeländers erstreckt, wurden zwei Kunstkiefergirlanden von je 3 m Länge verwendet.

MATERIALIEN

~

Künstliche Girlande
Efeu (Hedera sp.)
Lärchenzweige und -zapfen (Larix sp.)
Panaschierter Ilex (Ilex sp.)
Große Kiefernzapfen
Roter und gelber Feuerdorn (Pyracantha sp.)
Mandarinen
Getrocknete Farnkrautzweige

~

Drahtverstärktes Dekoband im Schottenmuster
Terrakottatöpfe von 10 cm Durchmesser
Mittelstarker Blumendraht

Die grüne Basis

1 Drappieren Sie die Kunstgirlande locker auf das Geländer. Den Schlangeneffekt erzielen Sie, indem Sie sie nur stellenweise befestigen.

2 Ordnen Sie den Efeu locker darüber an und stecken Sie ihn mit Draht fest. Lassen Sie einzelne Rankenenden herabhängen.

3 Zusätzliche Fülle erreichen Sie mit Lärchenzweigen, Efeubündelchen und Ilexästen, die Sie in der Girlande mit Draht befestigen.

Die Dekoration

1 Verteilen Sie die Zapfen und die Terrakottatöpfe mit Feuerdorn gleichmäßig in der Girlande. Füllen Sie Lücken mit zusätzlichen Blättern oder Dekorationsobjekten auf, aber achten Sie darauf, über die gesamte Länge hinweg ein Gleichgewicht von Farbe und Form herzustellen.

2 Fügen Sie die mit Dekoband umwickelten Bündel von Farnkrautzweigen hinzu (siehe *S. 123*).

3 Befestigen Sie abschließend (einzeln oder paarweise) Mandarinen (siehe *S. 122*) *in der Girlande.*

WEIHNACHTSKRANZ

Ein kleiner Fensterkranz zu Weihnachten ist ein stimmungsvolles Signal nach innen und außen.

Warum nicht einmal dem weihnachtlichen Türkranz einen Fensterkranz im skandinavischen Stil beigesellen? Er ist leicht herzustellen und durch seine modellierbare Form besonders reizvoll. Eine Drahtbasis wird von Efeublättern umflochten, der Stern in der Mitte aus getrockneten Preiselbeeren angefertigt; Sie können aber mit jedem anderen Material experimentieren, etwa mit zarten weißen Schneebeeren, die es im Winter reichlich gibt, oder mit gelbem Feuerdorn, der einen leuchtenden Farbakzent setzt. Verwenden Sie kleinblättriges Immergrün wie Geißblatt als Blattwerk.

Bilden Sie die Gerüstform aus Draht. Wenn Sie ihn um einen runden Gegenstand legen, erhalten Sie eine perfekte Form; doch erfüllt auch eine nur annähernde Kreisform den Zweck.

Als Aufhängung für den Kranz biegen Sie aus Draht einen Haken, den Sie hinter Efeu verstecken können, oder Sie binden den Kranz an ein passendes Seidenband, das Sie mit einer Schleife drapieren.

▸ **Ein Stern im Fenster**
Dieser Kranz ist gut für ein kleines Fenster geeignet, kann aber auch in der unteren Hälfte eines größeren Fensters hängen, dessen oberer Teil hinter einer Jalousie verborgen ist. Das durch die Blätter gebrochene Licht steigert den Reiz der Dekoration zusätzlich.

Weihnachtskranz: ANLEITUNG

Sie benötigen eine runde Gerüstform für den Efeu. Der Stern aus getrockneten Preiselbeeren – oder der Beerensorte, die Sie wählen – wird in den Efeuring gehängt.

MATERIALIEN
~
Rankendes Immergün, z. B. Efeu (Hedera sp.)
Getrocknete Preiselbeeren
~
Mitteldicker und dünner Blumendraht

Mit einem Durchmesser von etwa 25 cm bildet ein einfacher Ring aus stabilem Blumendraht die Basis für diesen schönen Kranz. Sie benötigen eine immergrüne Kletterpflanze, die Sie um den Drahtring winden und mit dünnem Blumendraht an ihm befestigen. Getrocknete Preiselbeeren für den Christstern im Innern des Rings finden Sie in den Wochen vor Weihnachten in jedem guten Supermarkt – Sie können aber ebensogut eine andere Beerensorte aus dem winterlichen Garten verwenden, zum Beispiel die des Ilex.

1 *Entscheiden Sie, wie groß der Stern von einer Spitze zur gegenüberliegenden werden soll. Zweieinhalb mal so lang sollte der mitteldicke Blumendraht sein, auf den Sie die Preiselbeeren auffädeln.*

2 *Formen Sie den Draht zu einem fünfzackigen Stern. Verdrehen Sie die Enden miteinander und umwickeln Sie sie zusätzlich mit dünnem Blumendraht, um die Verbindung zu fixieren.*

3 *Formen Sie mittelstarken Blumendraht zu einem Ring. Fixieren Sie die beiden Enden an der Verbindungsstelle mit dünnem Draht.*

4 *Winden Sie die Efeuranken nacheinander um den Drahtring. Befestigen Sie sie jeweils mit dünnem Blumendraht.*

5 *Umwinden Sie den Drahtring mehrfach mit den Ranken. Hängen Sie den Christstern an einem Stück Draht in den Kranz.*

Weihnachts-Fensterbaum

Stellen Sie diesen Miniaturbaum vor ein Fenster. Das Licht wird ihn festlich funkeln lassen, um so mehr, wenn Sie einige der Dekorationsobjekte golden oder silbern färben.

Füllen Sie einen Weidenkorb mit trockener Steckmasse, in die Sie unbelaubte Zweige stecken. Ilex und Efeu verdecken die Steckbasis. Nun können Sie die Äste mit beliebigen selbstgemachten oder gekauften Dekorationsobjekten schmücken – getrockneten Orangenscheiben, gefärbten Zapfen und Früchten, Duftkugeln, Herzen aus getrockneten Preiselbeeren, Miniaturkörben mit Rosen oder Ringen aus Birkenzweigen. Nehmen Sie, was Sie im Haus finden. Beschränken Sie aber die Farbpalette – in der Abbildung konzentriert sie sich auf Gold-, Orange- und Rosttöne.

▼ **SCHMUCKE ZWEIGE**
Dieser »Baum« ist ungefähr 90 cm hoch. Ob Sie nun eine kleinere oder größere Ausführung wählen – die Dekorationsobjekte müssen leicht sein, damit die Äste sich unter ihrem Gewicht nicht zu sehr biegen. Für eine Kinderfeier können Sie auch verpackte Süßigkeiten in den Baum hängen.

Duft im Haus

Der Duft von Lilien oder Rosen, der an einem Sommerabend das Haus erfüllt, ist unwiderstehlich. Aber duftende Pflanzen gibt es zu jeder Jahreszeit – im Winter sorgen Zaubernuß, Lorbeer oder aromatische Trockenpotpourris für einen natürlichen Hauch von Würze.

Frühlingsduft mit Zwiebelblumen

Zwiebelblumen bringen im Spätwinter und zu Beginn des Frühlings mit ihrer Farbenpracht und ihren intensiven Düften den Garten ins Haus – zu einer Jahrezeit, in der es draußen kaum blühende Pflanzen gibt. Zwiebelblumen brauchen Stütze, um ihre Blüte möglichst lange zu erhalten.

◄ **Hyazinthenzwiebeln**
Traubenhyazinthen (Muscari) *sind zarte Blumen von bemerkenswerter tiefblauer Farbe, die besonders in großen Pflanzgruppen zur Geltung kommt. Einige Sorten, wie* Muscari armeniacum, *produzieren einen köstlichen Duft, den man am besten im Haus wahrnehmen kann. Die blaugemusterte Suppenterrine unterstreicht das Blau der Blumen und ist groß genug, um den unschönen Plastikcontainer zu verstecken. Eine Lage Moos verdeckt die Blumenerde.*

► **Ein Korb aus Weidenkätzchen**
Hyazinthen gehören zu den ersten Frühjahrsboten. Die Plastikcontainer in diesem Weidenkorb sind mit Efeu, Moos und Dekopilzen bedeckt – beinahe ein Bild wie von einer Waldlichtung. Das Gestell, das Sie mit den Weidenruten formen, sollte den Proportionen der Blumen entsprechen: Die Zweige sind hier etwa doppelt so lang wie die höchste Blume.

Schon im Herbst gibt es eine große Auswahl an Blumenzwiebeln für Innenräume. Wählen Sie solche, die bereits treiben: Sie blühen früher als Gartenzwiebeln und bringen den Frühling in Ihre vier Wände, noch ehe er begonnen hat. Narzissen und Hyazinthen gehören zu den wohlriechendsten Pflanzen überhaupt; andere Zwiebelgewächse sind ebenso ansehnlich, duften aber weniger intensiv.

Auch die größten und gesündesten Zwiebeln lassen in geheizten Räumen sehr schnell den Kopf hängen. Darum müssen sie bis zum Blütenbeginn an einen möglichst kalten Ort gestellt werden; setzt man sie dann in die Wärme, sollte man sie zusätzlich stützen. Die zarten Blüten (und das Arrangement) dabei nicht zu beschädigen, erfordert einiges Fingerspitzengefühl.

Es gibt ganz unterschiedliche Stütz- oder Gerüstformen; am besten wählen Sie eine Form, die den Pflanzen entspricht. Verwenden Sie dazu die Materialien, die Ihnen die Natur bietet: die geschmeidigen Zweige und Äste von Bäumen oder Büschen.

Das Gefäß, das den Plastikcontainer mit den Zwiebelblumen aufnimmt, ist ein wichtiger Bestandteil der Gesamtkonzeption. Nehmen Sie eine Keramikschale oder einen mit Plastikfolie ausgelegten Korb. Mit Moos decken Sie die offene Erde ab und halten zudem die Feuchtigkeit im Topf.

Nach der Blüte pflanzen Sie die Zwiebelblumen entweder direkt in den Garten oder Sie warten, bis die Blätter verwelkt sind, nehmen dann die Zwiebeln heraus und lagern sie an einem kühlen, trockenen, dunklen Platz, um sie im Herbst wieder einzusetzen.

Sie können natürlich auch mehrere kleine Töpfe mit Zwiebelblumen auf einem Fensterbrett oder Beistelltisch arrangieren. Beschränken Sie sich dabei in der Farbauswahl auf eine oder zwei Farben mit jeweils unterschiedlichen Tönungen, um eine geballte Wirkung zu erzielen.

Ein Korb aus Weidenkätzchen:
ANLEITUNG

Die Blüten einiger Zwiebelblumen, besonders Hyazinthen, Narzissen und Freesien, neigen dazu, den Kopf hängen zu lassen. Stützen, besonders solche aus Kunststoff, sind eher unattraktiv; fertigen Sie statt dessen ein käfigähnliches Stützgestell aus einem natürlichen Material an.

Für ein Stützgestell aus Weidenkätzchen, das einen Topf von 25 cm Durchmesser beherbergen soll, benötigen Sie acht Weidenkätzchenzweige. Das Gestell stützt ein Arrangement aus mehreren Hyazinthen bestens; konstruieren Sie es kurz vor der Blüte.

MATERIALIEN

~

Schale mit Hyazinthen
(Hyacinthus orientalis)
Weidenkätzchen
(Salix caprea)
Moos
Efeu (Hedera sp.)
Dekopilze oder Baumrinde

~

Naturbast (Raffia)

1 *Schneiden Sie die Zweige so, daß sie doppelt so lang wie die größte Blume sind. Stecken Sie die Zweigenden in regelmäßigen Abständen dicht am Rand in den Behälter.*

2 *Bedecken Sie die Erde mit Moos, Efeublättern, Dekopilzen oder beliebigem anderen Material, das zur Verfügung steht – etwa Tannenzapfen oder Baumrindenstücken.*

3 *Biegen Sie jeweils die Enden der gegenüberliegenden Zweige übereinander und verflechten sie miteinander. Gehen Sie dabei behutsam vor, damit die Zweige nicht brechen.*

4 *Um die Spitze zusammenzuhalten, binden Sie zuletzt sämtliche Zweigenden mit Naturbast fest zusammen und sichern Sie sie mit einem einfachen Knoten.*

Variante mit Weidenzweigen

Dieses einfache Gerüst aus Weidenzweigen ist eine ideale Stütze für Narzissen.

Wenn sich die schweren Blüten großer Narzissen geöffnet haben, müssen die Pflanzen häufig gestützt werden. Dies leistet eine runde, lichte Hecke aus Korkenzieherweide (*Salix matsudana* 'Tortuosa'). Sie benötigen dazu etwa ein Dutzend Weidenruten, die ein gutes Stück länger als die Blumen sein sollten. Verbergen Sie den Plastikcontainer der Narzissen in einer attraktiven Keramikschale, und füllen Sie die Lücke zwischen den beiden Behältern mit trockener Steckmasse, in die Sie die Weidenruten stecken. Legen Sie nun einen dekorativen Mooskragen um die Pflanzenbasis. Ist der Container groß genug, können Sie die Weidenzweige auch direkt um die Zwiebeln stecken, die Sie allerdings nicht verletzen dürfen.

► **Narzissen und Weiden**

*Wenn große Narzissen zu blühen beginnen, brauchen sie zusätzlichen Halt. Konstruieren Sie eine natürliche »Hecke« aus Korkenzieherweide (*Salix matsudana *'Tortuosa'). Für eine große Schale voller Zwiebelblumen benötigen Sie etwa ein Dutzend Weidenruten. Schneiden Sie sie so, daß sie ein Stück länger als die Blumen sind, und stecken Sie sie entweder in die Steckmasse oder entlang dem Schalenrand direkt in die Erde, falls genügend Platz vorhanden ist.*

Hier nimmt eine blauweiße Porzellanschale den Plastikcontainer mit den Narzissen auf. Moos verdeckt den Innentopf und die Steckmasse.

Lavendel-Aroma

Lavendel ist für seine beruhigenden Eigenschaften bekannt; er schafft eine harmonische Atmosphäre. Schlicht und nobel zugleich, paßt er sowohl zu einer gediegenen als auch einer rustikalen Einrichtung.

◂ **Lavendel-Rosen-Korb** *Dieser Korb paßt gut auf eine Anrichte mit weißem und blauem Geschirr. Die Lavendelblüten füllen ein Zimmer mehrere Monate lang mit ihrem angenehmen Duft. Die Nahaufnahme rechts zeigt die außergewöhnlich tiefe Farbe der* Lavandula angustifolia *'Hidcote'.*

Lavendel hat einen besonders intensiven Duft, der sich selbst im getrockneten Zustand lange hält; darum wird das Kraut gern in Duftsäckchen und Potpourris verwendet. Ein Behälter mit duftenden Kräutern macht jeden Raum zu einer Oase. In diesem Korb mit frischen und getrockneten Blumen sowie frischen Lavendelblüten trocknen die Pflanzen an Ort und Stelle und halten den Duft für Monate. Obwohl alle Lavendelsorten aromatisch sind, haben manche einen intensiveren Geruch und schönere Farben als andere. *Lavandula angustifolia* 'Hidcote' glänzt in beiderlei Hinsicht, darum lohnt es sich, diese Sorte im Garten anzupflanzen. Die kräftige Farbe bleibt auch im getrockneten Zustand erhalten. Falls Sie keine frischen Blüten bekommen, können Sie für diese Schale ebenso gut getrockneten Lavendel benutzen.

Ein kleiner Weidenkorb ist der ideale Lavendelbehälter. Der abgebildete hat einen Durchmesser von etwa 18 cm – gerade richtig für eine Anrichte.

Lavendel-Rosen-Korb:

ANLEITUNG

Dieses Arrangement ist leicht herzustellen und hält sich außergewöhnlich lange, da der Lavendel in ihm trocknet. Sie benötigen eine große Menge an frischem oder getrocknetem Lavendel sowie ein paar Rosen.

Dieses Korbensemble können Sie als Vorlage für viele ähnliche Dekorationen benutzen. Statt des Lavendels lassen sich auch Kräuterbündel über Kreuz stapeln und die leere Mitte mit kleingehackten Kräutern füllen – eine originelle Tischdekoration für ein rustikales Essen: Die Gäste können ihre Speisen selbst mit Kräutern aus dem Korb würzen.

Damit ein stimmiger Gesamteindruck entsteht, sollten Sie darauf achten, daß die Lavendelbündel (oder Kräuter), ehe Sie sie über Kreuz stapeln, jeweils etwa gleich lang sind. Schneiden Sie dazu die Stiele ungefähr 15 cm unter den Blüten ab. Auf diese Weise gewinnen die Bündel größere Fülle, und Sie können die sich spreizenden Blüten nun viel gleichmäßiger arrangieren.

MATERIALIEN

~

Lavendel (Lavandula angustifolia *'Hidcote'*)

Moos

Trockenrosen (Rosa)

~

Mittelstarker Blumendraht

1 Binden Sie das Moos mit Blumendraht am Korbrand fest. Es dient als Unterlage für die Lavendelbündel und deckt die Korbkante ab.

2 Für jedes Lavendelbündel binden Sie etwa 15 Zweige zusammen. Dann arrangieren Sie die Bündel kreuzweise um den Korbrand.

3 In die Mitte jedes gekreuzten Lavendelpaares stecken Sie eine Rose. Befestigen Sie sie mit Draht im Korb, um ihr Halt zu geben.

4 Füllen Sie das Zentrum des Korbes mit Lavendelstielen und -blüten; wenn nötig, schaffen Sie dazu zunächst ein Fundament aus Moos.

Eine Lavendel-Variante

Wenn Ihnen der Lavendel-Rosen-Korb zu aufwendig ist,
Sie sich aber trotzdem am Lavendelduft erfreuen wollen,
empfiehlt sich diese einfachere Version.

Von den wohltuenden Wirkungen des Lavendels macht die moderne Aromatherapie vielfach Gebrauch. Seine beruhigenden und entspannenden Eigenschaften entfalten sich besonders während des Schlafs. Dieses kleine Arrangement können Sie aus Frisch- oder Trockenblumen anfertigen; es wird Ihr Schlafzimmer viele Monate mit seinem angenehmen Duft erfüllen.

Steht Ihnen genügend Lavendel zur Verfügung, bedecken Sie zunächst den Boden eines ovalen Korbs mit Moos, arrangieren dann den Lavendel an den Schmalseiten und sortieren zuletzt kurzstielige Rosen in die Mitte. Winden Sie eine Hopfenrebe oder eine andere Kletterpflanze um den Griff und die Seiten des Korbs, so daß ein ländliches Bild entsteht.

Außer Rosen passen auch die kleinen, leuchtendgoldenen Ringelblumen gut zum Lavendel – ihre Blüten, in symmetrischen Reihen gruppiert, setzen einen schönen Kontrast zu dem dunklen Kraut. Ebenso eignen sich rosa oder blaue Kornblumen, die ein eher sanftes, harmonisches Farbschema erzeugen.

◂ **LAVENDEL IM HOLZKORB**
Ein kleiner Holzkorb oder ein ovaler bzw. rechteckiger Weidenkorb mit nostalgisch duftenden Wildblumen, hier Lavendel mit Rosen, ist ein ideales Arrangement für ein rustikales Schlafzimmer. Bei den zusätzlichen Materialien haben Sie freie Hand, um das Farbschema des Zimmers individuell zu unterstreichen.

Duftende Gartenrosen

In ihrer klassischen Schlichtheit und mit ihrem exquisiten Duft kommen Gartenrosen am besten zur Geltung, wenn man sie zwanglos arrangiert.

◄ Rosen
Der traditionelle Charme von Gartenrosen kommt besonders einem gediegen ausgestatteten Wohnraum zugute. Dabei zählen ihre sublimen Duftnoten ebenso wie ihre delikaten Farben. Die reizvollen samtenen Rosenblätter entsprechen hier dem Muster der Keramik. Der filigrane Frauenmantel sorgt für Fülle.

Duftende Blumen im Haus schaffen eine freundliche, ruhige Atmosphäre. Rosen sind sicher die beliebtesten und duftstärksten Blumen, aber viele andere Sorten erzielen eine ähnliche Wirkung: ein Behältnis voller Flieder, eine Vase mit Zaubernußzweigen, Schalen mit Lilien oder Hyazinthen.

Das Ziel liegt darin, schlichte, aber durchdachte Arrangements in den geeigneten Gefäßen zu kreieren. Rosen passen in Krüge oder silberne Punchschalen. Den großen Flieder kann man in eine Waschschüssel aus Keramik stellen. Ein paar Äste Zaubernuß gewinnen in einer einfachen Tonvase ein exotisches Aussehen.

Wenn Sie einen Garten haben, pflanzen Sie für jede Jahreszeit eine duftende Blumensorte an – Narzissen oder Hyazinthen für den Frühling, Schneeball oder Flieder für den Frühsommer, Rosen oder Lilien für den Hochsommer, Rautendrilling *(Choisya ternata)* für den Herbst und Zaubernuß oder verschiedene Lorbeersorten für den Winter.

Duftende Gartenrosen:

ANLEITUNG

Für dieses leicht herzustellende Arrangement aus prächtigen Rosen benötigt man eine Vase mit einem schmalen Hals und zum Abstützen der Stiele etwas Maschendraht.

MATERIALIEN

~

Gartenrosen:
Rosa *'Celsiana'*
Rosa *'Dublin Bay'*
Rosa *'Duc de Guiche'*
Rosa *'Chapeau de Napoléon'*
Frauenmantel (Alchemilla mollis)

~

Maschendraht

Für dieses Arrangement können Sie jede Sorte von Gartenrosen verwenden, dazu nach Belieben ein paar Zweige zarte, feinstrukturierte Blumen, etwa Frauenmantel, der zur selben Jahreszeit blüht. Zweige mit hellen kleinen Blättern eignen sich ebenso. Formen Sie ein lockeres, gewölbtes Netz aus Maschendraht, das in den Vasenhals paßt.

Die Rosen müssen präpariert werden: Hämmern Sie die Stiele breit und entfernen Sie die unteren Blätter, damit die Blumen länger halten.

1 *Füllen Sie den Krug mit Wasser. Schneiden Sie den Maschendraht so zurecht, daß er, in den Krug gedrückt, ein gewölbtes Netz bildet.*

2 *Gestalten Sie mit den zusätzlichen Blumen (in diesem Fall Frauenmantel) oder dem Blattwerk einen Kragen am Krugrand.*

3 *Schneiden Sie die Rosenstiele schräg an und klopfen Sie die Stielenden flach. Entfernen Sie alle unteren Blätter* (siehe *S. 117).*

4 *Stecken Sie die Rosen durch den Draht in den Krug; kürzen Sie sie bei Bedarf, um dem Arrangement eine runde Gesamtform zu verschaffen.*

Eine Pfingstrosen-Variante

Mit silbernen Brachyglottisblättern statt des Frauenmantels im Hintergrund sowie einer einzigen Sorte Pfingstrosen können Sie leicht ein ebenso eindrucksvolles Arrangement anfertigen.

Traditionell benutzt man schlichte robuste Krüge, um große, duftende Blumen zu arrangieren; sie passen, anders als strenge abstrakte Formen, zu den meisten Einrichtungsstilen. Die Schönheit der Blumen wird noch unterstrichen, wenn sie solitär oder mit nur wenig Blattwerk verwendet werden. Auch bei diesem Arrangement sollten Sie auf die Proportionen achten: Die Form des Krugs muß zu den Blumen passen. Weder dürfen letztere den Behälter erdrücken, noch umgekehrt der Behälter die Blumen ausstechen. Um einen natürlichen Eindruck zu erzielen, verschaffen Sie dem Arrangement eine lockere Fülle; schnüren Sie also die Blumen nicht steif zusammen, und beschränken Sie sich auf nur wenige Blumen, statt eine größere Zahl eng in das Gefäß zu stopfen.

► Grau und Weiss
Große Pfingstrosen passen gut zu den silbergrauen, filzigen Blättern des Brachyglottis, aber im Sommer können Sie zahlreiche andere geeignete Begleiter finden. Holzige Pflanzenstiele müssen mit dem Hammer flachgeschlagen werden, damit sie Wasser aufnehmen können (siehe *S. 117*).

Duftkugeln und Potpourris

Ensembles aus Blütenblättern, Früchten und Gewürzen blicken auf eine lange Tradition zurück. Mit geringem Aufwand hergestellt, schenken sie wunderbare langwährende Düfte.

Vor einem Jahrhundert hätte keine respektable Hausfrau sich vorstellen können, ohne ein paar im Haus verteilte Potpourrischalen und Duftkugeln im Wäscheschrank auszukommen. Die Wiederbelebung dieser alten Tradition lohnt sich. Ein Potpourri kann aus den Blüten aller duftenden Blumen hergestellt und wahlweise mit einigen Stücken Rinde, beispielsweise Zimt, bestückt werden. Duftkugeln sind in der Anfertigung etwas zeitaufwendiger, halten dafür aber fast unbegrenzt. Für sie benötigen Sie einige unversehrte Zitrusfrüchte und einen reichlichen Vorrat an erstklassigen aromatischen Gewürznelken.

Als Kern einer solchen Duftkugel können Sie auch einen Ball trockener Steckmasse nehmen, um den Sie aromatische Rosmarinzweige schnüren. Das sorgt ebenfalls für einen würzigen, lang währenden Duft im Zimmer. Duftkugeln können Sie sowohl an dekorativen Bändern aufhängen als auch in einer flachen Porzellan- oder Glasschale auf einem Regal oder dem Nachttisch unterbringen.

◂ **Potpourri**
Eine zierliche Porzellanschale ist ideal, um ein sommerliches Potpourri aus gemischten duftenden Blütenblättern, hier vornehmlich Rosen und Lavendel, aufzunehmen.

Duftkugeln
Duftkugeln in einem Wäscheschrank verleihen nicht nur Ihrer Wäsche einen angenehmen Geruch, sondern vertreiben auch Schädlinge, zum Beispiel Motten. Aber schon für sich genommen bilden sie mit ihrer klaren, skulpturartigen Form und ihrer interessanten Struktur eine attraktive Dekoration.

Coté
Bastide
eau
florale
de roses
anciennes
250 ml
Made in France

Duftkugel mit Gewürznelken: ANLEITUNG

Besorgen Sie sich ein paar feste, unversehrte Orangen, Limonen oder Zitronen, eine reichliche Anzahl Gewürznelken sowie eine kleine Menge anderer Gewürze.

Die Form Ihrer Duftkugel hängt von der Frucht ab, die Sie als Steckbasis wählen. Am häufigsten werden Zitrusfrüchte verwendet, die ihren eigenen, intensiven Geruch mitbringen. Orangen, Zitronen, Pampelmusen, Limonen und Kumquat (kleine Orangen) sind gut geeignet. Verwenden Sie nur Nelken von ausgezeichneter Qualität. Die Frucht wird nach Belieben dekoriert – entweder Sie bedecken sie lückenlos mit den Nelken oder Sie stecken die Nelken in Reihen oder anderen Mustern ein. Wollen Sie die Duftkugel aufhängen, teilen Sie die Fruchtoberfläche mit Klebeband in Viertel; in die unbeklebten Bereiche stecken Sie nun die Nelken. Mischen Sie dann die anderen Gewürze in einer Schale, wenden Sie die Frucht darin und lagern beides gemeinsam für zwei Wochen in einer Papiertüte. Dann entfernen Sie das Klebeband und umwickeln die Frucht mit einem farbigen Dekoband oder einer Goldkordel. Die Nelken in die Frucht zu stecken, ist eine knifflige Angelegenheit. Wenn die Schale zu hart ist, stechen Sie sie mit einem Nagel an, bevor Sie die Nelken hineindrücken.

1 Um Platz für ein Dekoband zu reservieren, kleben Sie auf der Frucht mit breitem Klebeband Viertel ab (nicht nötig, wenn Sie die Duftkugel nicht aufhängen wollen).

2 Stecken Sie die Nelken in Reihen oder anderen Mustern in die Frucht. Vergewissern Sie sich, daß jede Nelke fest sitzt und bis zur Spitze eingedrückt ist.

MATERIALIEN

~

Orange
Ganze Nelke
Gemahlene Nelke
Gemahlener Muskat
Gemahlener Zimt
Gemahlener Piment
Veilchenwurzel

~

Klebe- und Dekoband
Nagel

3 Spicken Sie jedes Viertel dicht mit den Nelken. Lagern Sie dann die Duftkugel 2 Wochen lang in einer Papiertüte mit Gewürzen.

Ein Duftpotpourri:
ANLEITUNG

Potpourris sind Mischungen aus getrockneten Blumen und Kräutern. Jahrhundertelang sorgten sie in Wohnräumen dafür, unangenehme Gerüche zu vertreiben.

Unser Potpourrirezept basiert hauptsächlich auf den Duftquellen Lavendel, Rose und Majoran, denen einige attraktive Blätter beigegeben werden, die Farbe und Struktur verleihen. Ein paar Veilchenwurzeln (aus der Apotheke) gewährleisten die langlebige Frische des Potpourris. Verwenden Sie nur Blätter, die beim Pflücken völlig trocken waren. Zerteilen Sie die Blüten, stecken Sie sie in eine Papiertüte, fügen Sie die Veilchenwurzel hinzu und lagern Sie die Mischung für zwei Wochen an einem dunklen Ort.

MATERIALIEN
~
Lavendel
Rosenblätter
Rosen
Rittersspornblüten
Getrocknete Dahlien
Veilchenwurzel
Majoran
Meerlavendel

Lavendelbälle

Diese kleinen Lavendelbälle, kinderleicht herzustellen, sind eine wohlriechende Alternative zu den Duftkugeln aus Nelken.

Mit einem Ball Steckmasse und Lavendelblüten können Sie in wenigen Minuten einen duftenden und ansehnlichen Lavendelball für den Wäscheschrank zaubern.

► **LAVENDELBALL**
Bepinseln Sie die Steckmasse mit Flüssigkleber und wälzen Sie sie dann in Lavendelblüten. Binden Sie ein farbiges Band darum.

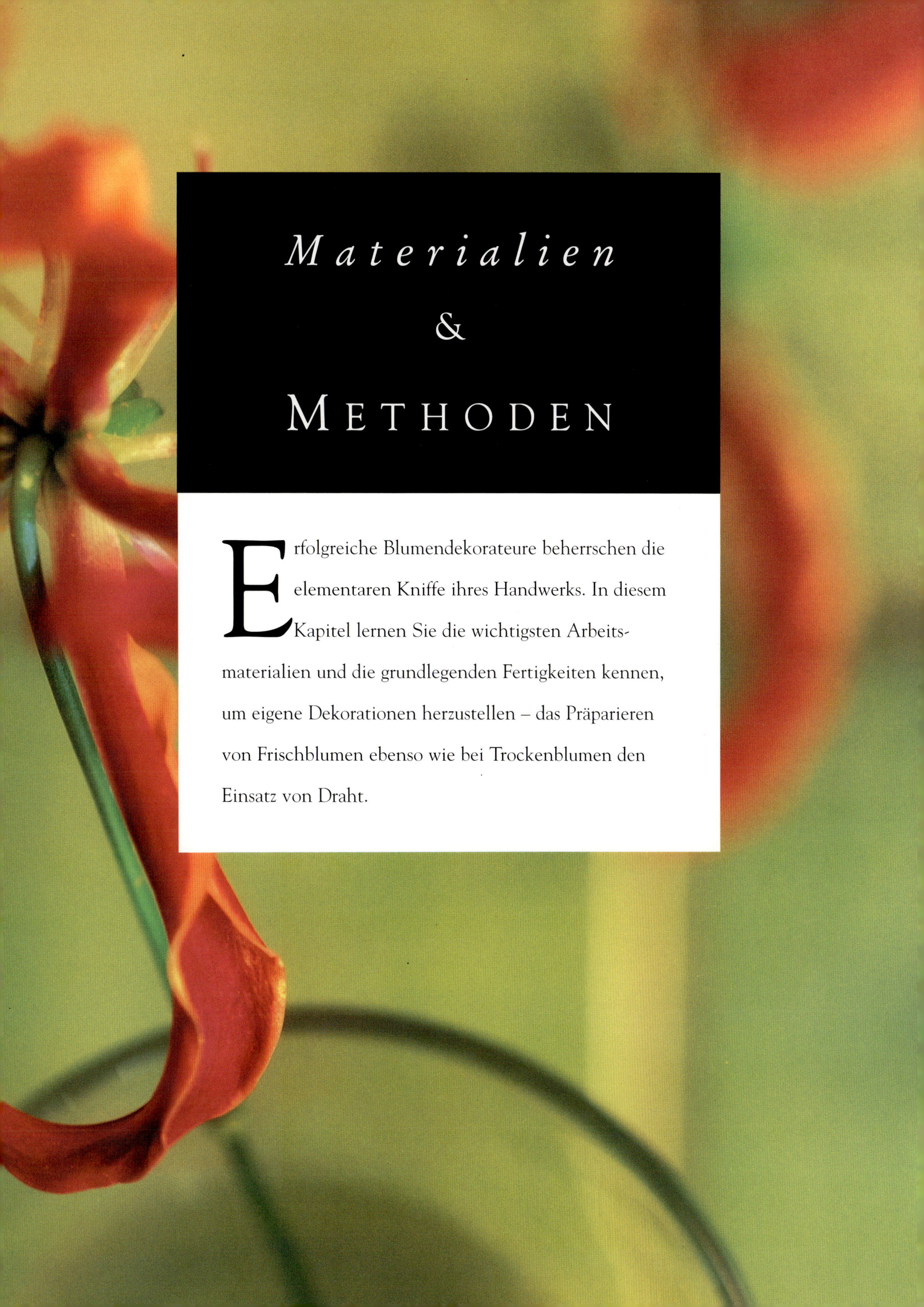

Materialien & Methoden

Erfolgreiche Blumendekorateure beherrschen die elementaren Kniffe ihres Handwerks. In diesem Kapitel lernen Sie die wichtigsten Arbeitsmaterialien und die grundlegenden Fertigkeiten kennen, um eigene Dekorationen herzustellen – das Präparieren von Frischblumen ebenso wie bei Trockenblumen den Einsatz von Draht.

MATERIALIEN UND METHODEN

Um Frisch- oder Trockenblumen zu arrangieren, braucht man keine große Geschicklichkeit. Mit den geeigneten Materialien und ein paar hilfreichen Techniken können Sie sich an jedes Gesteck wagen.

Um Blumengestecke herzustellen, benötigen Sie vor allem eine relativ große Arbeitsfläche. Wenn Sie Frischblumen verwenden, sollten Sie fließendes Wasser in Reichweite haben. Achten Sie auf gute Lichtverhältnisse, und stellen Sie einen Abfalleimer bereit.

Es empfiehlt sich, alle Gerätschaften, die Sie regelmäßig benötigen – Messer, Schere, Steckmasse und Draht – in einem handlichen, tragbaren Behältnis mit Fächern aufzubewahren.

Tragen Sie schon vor Arbeitsbeginn alle Materialien zusammen und erledigen Sie möglichst Vorarbeiten wie das Präparieren der Stiele, das Stutzen der Blätter und das Schnüren der Sträuße, ehe Sie sich an die eigentliche Gestaltung machen.

Es ist hilfreich, das Gesteck für die letzten Arbeitsschritte schon an seinen Bestimmungsort zu stellen. Dort können Sie mögliche Lücken und Fehler am besten ausmachen und direkt korrigieren. Erhöht postierte Gestecke müssen am Sockel eventuell noch etwas aufgefüllt werden, während Sie bei einem Gesteck für einen Beistelltisch gut prüfen können, ob die Hilfsmaterialien tatsächlich verborgen sind.

► **VORBEREITUNG**
Legen Sie die erforderlichen Hilfsmittel in unmittelbarer Nähe des Arbeitstischs bereit. Verwenden Sie ein Schneidebrett, um Stengel zu kürzen oder Steckmasse zurechtzuschneiden, und vergewissern Sie sich, daß Schere und Messer wirklich scharf sind. Säubern Sie das Werkzeug nach der Arbeit und bewahren Sie es trocken auf.

Für Frischblumen brauchen Sie:

Für Trockenblumen brauchen Sie:

TECHNIKEN FÜR FRISCH- UND TROCKENBLUMEN

Ob Sie Frisch- oder Trockenblumen verwenden: Mit einigen einfachen Tricks bekommt Ihr Blumengesteck jene professionelle Qualität, die entscheidend ist.

Die Verarbeitungsmethoden für frische und getrocknete Blumen unterscheiden sich zwangsläufig in einigen Punkten. Bei Frischblumen geht es vor allem darum, ihnen eine möglichst lange Haltbarkeit und Ansehnlichkeit zu verschaffen. Bei den langlebigeren, aber empfindlicheren Trockenblumen steht dagegen das Ziel im Vordergrund, ihre bruchempfindlichen Stiele für das Gesteck zuverlässig zu stabilisieren.

Einige Grundtechniken können Sie bei fast allen Gestecken anwenden. Mit etwas Übung werden sie Ihnen bald mühelos von der Hand gehen.

Die meisten Floristen arbeiten sehr schnell. Das gelingt ihnen vor allem darum, weil sie stets die richtigen Werkzeuge zur Hand haben. Und sie arbeiten nur mit den besten Materialien. Suchen Sie sich also einen ausgezeichneten Lieferanten von frischen bzw. gut getrockneten Blumen, denn das Gelingen Ihres Arrangements hängt entscheidend von der Qualität des Pflanzenmaterials ab. Vielleicht tun Sie sich mit ein paar interessierten Freunden zusammen, um bei einem Großhändler größere Blumenmengen günstiger einkaufen zu können.

Vorgehen bei Frischblumen

Frischblumen sind von vergänglicher Schönheit. Aber auch sie halten relativ lange, wenn Sie berücksichtigen, daß jede Blume auch im geschnittenen Zustand noch ein Lebewesen ist. Um ihre Frische zu erhalten, sollten Blumen nicht zu großer Wärme durch Heizung oder Sonne ausgesetzt sein; bei kühleren Temperaturen halten sie bedeutend länger. In einer zentralbeheizten Wohnung wählen Sie darum zunächst den kühlsten Standort aus und gewöhnen die Blumen langsam an die höheren Temperaturen, bevor Sie sie bearbeiten – sonst erleiden sie einen Temperaturschock.

Prüfen Sie beim Kauf frischer Blumen sorgfältig ihre Verfassung. Manch unseriöses Blumengeschäft bietet Blumen an, die ihre schönste Blüte schon überschritten haben. Die Blätter sollten frisch, glänzend und nicht verwelkt oder gelblich aussehen. Die Blüten sind idealerweise noch geschlossen oder öffnen sich gerade erst. So sollten etwa bei Chrysanthemen die Staubgefäße eng gebündelt stehen; neigen sie sich nach außen, hat die Blüte ihren Höhepunkt bereits überschritten.

◄ SCHNITTBLUMEN
Stellen Sie alle gekauften Schnittblumen für eine gute Stunde in einen Eimer mit kaltem Wasser, bevor Sie sie arrangieren. Holzige Stiele bedürfen besonderer Behandlung, um die Wasseraufnahme zu verbessern. Man schneidet die Enden ab oder klopft sie mit einem Hammer flach, um die Schnittfläche zu vergrößern.

Blumen vorbereiten

Damit Blumen ihre Qualität möglichst lange behalten, müssen Sie bestimmte Vorkehrungen treffen. Sie können sogar Blumen, die wegen Wassermangels welken, wieder auffrischen. Benutzen Sie in jedem Fall stets nur frisches Wasser, das Sie bei Frischblumen regelmäßig, am besten jeden zweiten Tag, wechseln.

BLUMEN PRÄPARIEREN
Die meisten Frischblumen müssen, ehe man sie für ein Gesteck verwenden kann, präpariert werden. Die entsprechenden Maßnahmen hängen von der Blumensorte und dem Zustand beim Einkauf ab. Kaufen Sie möglichst frische Blumen und lassen Sie sie nicht zu lange ohne Wasser.

HEISSES UND KALTES WASSER
Bei holzigen Stielen kann man mögliche Lufteinschlüsse in den Stengeln lösen. Füllen Sie einen Eimer mit heißem, aber nicht kochendem Wasser, tauchen Sie die Blumen ungefähr 10 Sekunden hinein und stellen Sie sie dann wieder in frisches kaltes Wasser.

BLUMEN AUFFRISCHEN
Blumen, die an Wassermangel gelitten, aber keinen dauerhaften Schaden genommen haben, können Sie erfolgreich auffrischen, indem Sie sämtliche Blätter entfernen und die Stiele in kaltes Wasser tauchen. Nach etwa einer halben Stunde werden sich die Stiele wieder aufrichten und die Blumen sich in ihre normale Position strecken. Der endgültige Tod welkender Rosenblüten kann verzögert werden, indem Sie die Stiele einschneiden, für einige Minuten in heißes Wasser tauchen, um Lufteinschlüsse zu lösen, und sie dann in reichlich kaltes Wasser stellen.

BLÄTTER ENTFERNEN
Blumenblätter, die in einer Vase von Wasser bedeckt sind, lassen das Wasser faulen, was ein vorzeitiges Absterben der Blumen zur Folge hat. Entfernen Sie darum, ehe Sie das Gesteck zusammenstellen, alle Blätter, die mit Wasser in Berührung kommen könnten.

STIELE FLACHKLOPFEN
Faserige und holzige Blumenstiele, wie die von Rosen und vom Schneeball, müssen für eine bessere Wasseraufnahme präpariert werden. Kürzen Sie die Stiele zunächst auf die gewünschte Länge und klopfen Sie dann die Rinde der letzten 2,5 cm der Stielenden auf einem Schneidebrett mit einem Hammer flach. Bedenken Sie aber, daß geklopfte Stiele in der Steckmasse keinen Halt mehr haben und durch ein Drahtgitter gestützt werden müssen, um zuverlässig in einem Gesteck verankert werden zu können.

Frischblumen verschönern

Vor der Verarbeitung in einem Gesteck werden Sie bisweilen auch das Aussehen von Frischblumen in gewisser Hinsicht verbessern wollen. Auch hier gibt es, je nach Blumensorte, verschiedene Methoden, mit denen Sie den optischen Eindruck Ihres Pflanzenmaterials optimieren können. Folgend die wichtigsten Maßnahmen in Kürze.

TOTE UND BESCHÄDIGTE BLÜTEN ENTFERNEN

Bei Blumen mit doldigen Blütenständen wie Freesien oder Gladiolen erscheinen die Blüten nicht gleichzeitig, sondern nacheinander: Während die unteren bereits verwelken, öffnen sich erst die oberen Knospen. Entfernen Sie einfach die unteren Blüten, sobald sie zu welken beginnen.

STÜTZEN MIT DRAHT

Blumen mit großer Blüte und einem weichen, saftigen Stiel lassen manchmal den Kopf hängen, weil er für den Stiel zu schwer ist – ein häufiges Problem bei Gerbera. Mit einem mittelstarken grünen Draht kann hier Abhilfe geschaffen werden. Stoßen Sie den Draht von oben durch die Mitte der Blüte und an der Unterseite wieder heraus (oben links). Biegen Sie am oberen Ende ein kurzes Stück Draht zu einem Haken um, den Sie in der Blüte verankern. Wickeln Sie nun das lange Drahtende behutsam und nicht zu fest um den Stiel.

BLÄTTER ZUGUNSTEN VON FRÜCHTEN ENTFERNEN

Manchmal verdecken die Blätter von Pflanzen, die eher wegen ihrer farbenfrohen Beeren ausgewählt wurden, die Sicht auf die Früchte. Schneiden Sie einfach die störenden Blätter mit einer scharfen Schere ab.

STAUBGEFÄSSE ENTFERNEN

Einige Blumen, so die Lilie, haben mit Pollen bedeckte Staubgefäße, die Hände und Kleidung, aber auch die Blütenblätter verschmutzen können. Trennen Sie die Staubgefäße voneinander und schneiden Sie sie mit einer scharfen Schere ab.

VERSCHLOSSENE KNOSPEN ÖFFNEN

Gelegentlich sind Blütenknospen noch nicht genügend weit geöffnet, um in einem Gesteck, das zu einem bestimmten Zeitpunkt benötigt wird, eine optimale Wirkung zu erzielen. Der Florist öffnet sie in einem solchen Fall sanft von Hand, um die Blume zu ihrer vollen Schönheit zu bringen. Sie sollten dabei allerdings sehr vorsichtig vorgehen, da die Knospen schnell dauerhaften Schaden nehmen. Achten Sie darauf, die Blüten nicht zu verletzen und die feinen Blütenblätter nicht herauszureißen.

Topfpflanzen

In manchen Fällen sind Topfpflanzen wegen ihrer längeren Haltbarkeit praktischer als Schnittblumen. Zunächst sollte man die Pflanzen von ihren unschönen Kunststofftöpfen befreien, da Sie Ihr Arrangement bestimmt in einem ansehnlichen Gefäß anrichten wollen. Wenn Sie dafür einen nicht wasserfesten Behälter benutzen möchten, müssen Sie ihn mit einer Folie abdichten. Sie können dazu einen zurechtgeschnittenen Plastikmüllbeutel verwenden, falls Sie keine Polyäthylenfolie zur Hand haben. Die Erde um die Pflanzen können Sie mit Moos abdecken (erhältlich in jedem guten Garten- und Blumenfachgeschäft), während ein wenig Kies auf dem Gefäßboden die Drainage verbessert und verhindert, daß die Pflanzen im Wasser stehen.

Sobald die Blüten welk werden, können Sie die Blumenzwiebeln ins Beet oder an den Gartenrand setzen, wenn keine Frostgefahr besteht. Falls der Temperaturunterschied zwischen drinnen und draußen zu groß ist, sollten Sie die Pflanze, bevor Sie sie in die Erde setzen, langsam an die neue Umgebung gewöhnen, indem Sie sie eine Zeitlang tagsüber hinausstellen und nachts wieder hereinholen.

MATERIAL
Zum Abdichten eines Korbs benötigen Sie Plastikfolie – einen zurechtgeschnittenen Müllbeutel oder Polyäthylenfolie. Außerdem brauchen Sie ein paar Kieselsteine für den Untergrund sowie eine Lage Torfmoos, um die offene Erde zu verbergen.

EINEN KORB ABDICHTEN
Kleiden Sie den Boden und die Wände des Korbs mit Moos aus und legen Sie auch um den Korbrand einen Mooskragen. Schneiden Sie nun die Folie auf die gewünschte Größe und bedecken Sie damit den Korbboden. Verteilen Sie zuletzt für eine gute Entwässerung großzügig Kieselsteine auf dem Folienboden.

PFLANZE AUS DEM TOPF!

Sitzt eine Pflanze fest im Topf, schlagen Sie den Topfboden auf eine ebene Fläche, drehen die Pflanze herum und ziehen sie behutsam heraus. Hat sich die Pflanze im Topf zu fest verkrallt, müssen Sie ihn aufschneiden.

► **TOPFPFLANZEN**
Töpfe mit Primeln und Zwergnarzissen füllen diesen geflochtenen Korb, der mit Folie abgedichtet wurde. Feucht gehalten, hält er weitaus länger als Schnittblumen.

Vorgehen bei Trockenblumen

Trockenblumen sind in guten Blumen- oder Gartenfachgeschäften erhältlich, können aber recht teuer sein. Wenn Sie Blumen selber trocknen wollen, benötigen Sie in einem kühlen, trockenen Raum genügend Platz, um ein Gestell zum Aufhängen der Blumensträuße unterzubringen. Während des Trocknens sollten die Sträuße nicht direktem Sonnenlicht ausgesetzt sein, weil sie sonst ausbleichen und an Farbe verlieren. Achten Sie auf eine gute Luftzirkulation. In einem feuchten stickigen Raum verschimmeln die Sträuße statt zu trocknen.

Blumen trocknen

Sie sollten die Blumen bereits trocken pflücken, d. h. nachdem der Tau verdunstet ist, aber noch vor der heißesten Tageszeit. Binden Sie sie behutsam zu Sträußen zusammen, ohne die Stiele zu verletzen oder Blüten abzubrechen. Benutzen Sie zum Binden Gummibänder, da die Stiele während des Trocknens schrumpfen. Umwickeln Sie die Sträuße dann mit einem Draht, um sie kopfüber an das Trockengestell hängen zu können.

Blumen zum Trocknen binden
Stellen Sie einen Strauß aus einem Dutzend unbeschädigter Blüten zusammen. Binden Sie ihn mit einem Gummiband und umwickeln Sie das Bündel mit Draht. An dem zu einem Haken geformten Drahtende hängen Sie die Blumen auf.

Trockenblumen aufbewahren
Es kann bis zu drei Wochen dauern, bis die Blumen gründlich getrocknet sind. Legen Sie die Sträuße dann Kopf an Stiel geschichtet in eine mit Seidenpapier ausgelegte Kiste.

► Blumen trocknen
Ein Gestell mit frisch gepflückten Blumen in einer luftigen Küche. Dergleichen kann sehr dekorativ wirken, besonders wenn Sie neben den Blumen ein paar Körbe oder Strohhüte anbringen. Wenn Sie die Sträuße unterschiedlich hoch aufhängen, kann die Luft zwischen den Blüten besser zirkulieren – die Blumen trocknen dann schneller.

Trocken- und Stütztechniken mit Draht

Um Trockenblumen in einem Gesteck arrangieren zu können, müssen ihre oft brüchigen Stiele zuvor mit Draht gestützt werden. Früchte und Tannenzapfen können Gestecke interessanter und abwechslungsreicher machen, aber auch sie müssen mit Draht in der gewünschten Position fixiert werden. Andere Dekorationsobjekte, wie ein Bund Zweige oder Zimtstangen, werden ebenfalls mit Draht oder einem farbigen Band, das zu Jahreszeit oder Anlaß paßt, in ein Gesteck integriert. Als weiteres Schmuckelement können Sie im Ofen getrocknete Früchtescheiben an einem Kranz oder dem Weihnachtsbaum befestigen – selbstverständlich mit Draht.

Vermeiden Sie beim Einsatz von Draht einen zu festen Zug, und benutzen Sie nicht zu viel Draht. Nehmen Sie ein kurzes Stück feinen Silberdrahts für empfindliche Sträuße; für dicke Stiele braucht man einen mittelstarken Draht. Zum Stützen der meisten Trockenblumen muß der Draht nur wenige Male gewickelt werden. Bei zu engem Wickeln können die Trockenblumen sehr leicht abbrechen – sie sind dann nicht mehr zu retten.

DRAHTBEFESTIGUNG FÜR FRISCHBLUMEN
Legen Sie den Draht schräg über den Stiel und halten ihn mit dem Daumen fest, wobei ein kurzes Drahtstück seitlich wegsteht. Drehen Sie den Draht zweimal um den Stiel, das verbleibende längere Ende dient der Befestigung im Gesteck.

DRAHTBEFESTIGUNG FÜR FRÜCHTE
Führen Sie einen mittelstarken Draht durch das untere Drittel der Frucht, so daß der Draht am anderen Ende wieder herausdringt. Eines der Drahtenden sollte etwa dreimal so lang sein wie das andere und zur Sicherheit einige Male um das kürzere gedreht werden.

ORANGENSCHEIBEN
Orangenscheiben sind duftende Dekorationsobjekte für Girlanden und Kränze. Schneiden Sie die Frucht in dünne Scheiben und legen Sie sie auf ein Backblech. Kleinere Früchte, etwa Clementinen, können ganz, aber mit mehrmals eingeschnittener Schale verwendet werden. Backen Sie die Früchte einige Stunden auf niedriger Stufe. Die Scheiben müssen dann ungefähr eine Woche an einem warmen Ort gelagert und von Zeit zu Zeit gewendet werden. Dann besprühen Sie sie mit Glanzlack und lassen sie wieder trocknen. Schieben Sie mehrere Scheiben zu einem Bündel auf einen Draht und öffnen Sie sie zu einem Fächer.

DRAHTBEFESTIGUNG FÜR TERRAKOTTATÖPFE

Führen Sie einen Draht durch den Topf und das Drainageloch im Boden. Drehen Sie die Drahtenden am Topfrand so zusammen, daß ein langes Stück übersteht. Schieben Sie am Boden einen zweiten Draht unter dem ersten durch und verdrehen Sie beide zur Sicherung. Fixieren Sie das kurze Drahtende, indem Sie es durch das Drainageloch führen.

DRAHTBEFESTIGUNG FÜR TANNENZAPFEN

Tannenzapfen riechen gut, sind interessant strukturiert und haben die unterschiedlichsten Formen und Größen. Schieben Sie oberhalb der Basis einen mittelstarken Draht durch den Zapfen und umwickeln ihn mehrfach, wobei das verbleibende kurze Drahtende zur Sicherung um das längere gedreht wird.

ZWEIGE BÜNDELN

Schnüren Sie die Zweige mit einem Gummiband zusammen. Wickeln Sie dann mittelstarken Draht mehrmals um die Bundmitte.

EINE SCHLEIFE BINDEN

Ein Schleifenband macht ein Bund Zimtstengel noch dekorativer. Wählen Sie Bandmuster und -farben je nach Anlaß und Arrangement, das Sie anfertigen. Den besten Effekt erzielen Sie mit einem Band mit Drahteinlage: Es behält die Form und verrutscht nicht. Knoten Sie zuerst das Band um das Bündel und biegen dann die Bandenden zu Schlaufen, die von dem Draht in Form gehalten werden.

GETROCKNETE FRÜCHTE

Reihen Sie jeweils mehrere getrocknete Obstringe auf einen mittelstarken Draht. Wickeln Sie ein kurzes Band um den Draht, das Sie mit einer ordentlichen Schleife fixieren.

BLUMENVERZEICHNIS

Die folgenden Listen werden Ihnen die Auswahl von dekorativen Pflanzen für Ihre Arrangements erleichtern. Sie sind nach Duft, Blattwerk, Farbe und Blüte- bzw. Erntezeit sortiert, so daß Sie die passenden Sorten leicht zusammenstellen können.

DUFTENDE PFLANZEN

Duftpelargonie (Pelargonium tomentosum)
Fleischbeere (Sarcococca sp.)
Flieder (Syringa sp.)
Flügeltabak (Nicotiana alata)
Freesie (Freesia sp.)
Geißblatt (Lonicera sp.)
Ginster (Genista sp.)
Hyazinthe (Hyacinthus orientalis)
Lavendel (Lavandula angustifolia, L. spica)
Lilie (Lilium sp.)
Mimose (Acacia dealbata)
Myrte (Myrtus communis)
Narzisse (Narcissus sp.)
Nelke, rosa (Dianthus sp.)
Pfeifenstrauch (Philadelphus sp.)
Rose (Rosa sp.)
Schneeball (Viburnum x burkwoodii)
Wohlriechende Wicke (Lathyrus odoratus)

Mimose
(ACACIA DEALBATA)

Ginster
(GENISTA SP.)

AROMATISCHE PFLANZEN

Echter Salbei (Salvia officinalis *'Purpurascens'*)
Fenchel (Foeniculum vulgare)
Katzenminze (Nepeta mussinii)
Perlpfötchen (Anaphalis triplinervis)
Rosmarin (Rosmarinus officinalis)
Thymian (Thymus sp.)
Zypressenkraut (Santolina chamaecyparissus)

Perlpfötchen
(ANAPHALIS TRIPLINERVIS)

Katzenminze
(NEPETA MUSSINII)

FARBIGES BLATTWERK

Silbergrau
Beifuß (Artemisia sp.)
Brachyglottis (Brachyglottis greyi)
Echter Lavandel (Lavandula angustifolia)
Essigrose (Rosa gallica)
Eukalyptus (Eucalyptus sp.)
Funkie (Hosta sieboldiana var. elegans)
Gottvergeß (Ballota sp.)
Rosmarin (Rosmarinus officinalis)
Wollziest (Stachys byzantina)

Lila
Basilienkraut (Ocimum basilicum)
Echter Salbei (Salvia officinalis *'Purpurascens'*)
Purpurglöckchen (Heuchera micrantha *'Palastlila'*)

Buntscheckig (gelb-grün)
Ilex (Ilex aquifolium 'Silver Queen')
Funkie (Hosta fortunei)
Spindelstrauch (Euonymus fortunei *'Emerald 'n' Gold'*)
Weißer Hartriegel (Cornus alba *'Elegantissima'*)

Wollziest
(STACHYS BYZANTINA)

Spindelstrauch
(EUONYMUS FORTUNEI 'EMERALD 'N' GOLD')

Echter Salbei
(SALVIA OFFICINALIS 'PURPURASCENS')

Nach Jahreszeiten

Frühjahr

Christrose (Helleborus niger)
Freesie (Freesia sp.)
Hyazinthe (Hyacinthus orientalis)
Mimose (Acacia dealbata)
Narzisse (Narcissus sp.)
Primel (Primula hybrid)
Schneeglöckchen (Galanthus sp.)
Sibirischer Blaustern (Scilla siberica)
Stiefmütterchen (Viola sp.)
Tulpe (Tulipa)

Tulpe
(Tulipa)

Sommer

Flieder (Syringa)
Gazanie (Gazania sp.)
Gerbera (Gerbera sp.)
Kornblume (Centaurea cyanus)
Levkoje (Matthiola)
Lilie (Lilium sp.)
Margerite
(Leucanthemum sp.)
Mohnblume (Papaver sp.)
Nelke, rosa (Dianthus sp.)
Pfingstrose (Paeonia sp.)
Phlox (Phlox sp.)
Rose (Rosa)

Flieder
(Syringa)

Herbst

Chrysantheme
(Chrysanthemum sp.)
Dahlie (Dahlia)
Erlenzapfen (Alnus sp.)
Gemeiner Efeu (Hedera helix) *Beeren*
Goldrute (Solidago sp.)
Lampionblume (Physalis)
Pyracanthabeeren (Pyracantha sp.)
Rose (Rosa)
Schafgarbe (Achillea millefolium)
Silberblatt-Samenstände (Lunaria annua)

Efeu
(Hedera sp.)

Nach Farben

Weiße Blumen

Amaryllis (Hippeastrum)
Christrose (Helleborus niger,
H. orientalis)
Clematis (z. B. C. armandii,
C. *'Wada's Primrose'*, C.montana)
Duftwicke (Lathyrus odoratus)
Gemeiner Flieder (Syringa vulgaris)
Geranie (Geranium phaeum *'Album'*)
Gerbera (Gerbera sp.)
Gipskraut (Gypsophila sp.)
Großes Löwenmaul (Antirrhinum majus)
Hortensie (Hydrangea arborescens)
Hyazinthe (Hyacinthus orientalis)
Leimkraut (Silene fimbriata)
Levkoje (Matthiola sp.)
Lilie (Lilium regale)
Lisianthus (Eustoma grandiflorum)
Narzisse (z. B. Narcissus *'Pheasant's Eye'*,
N. *'Paper White'*)
Ranunkel (Ranunculus crenatus,
R. amplexicaulis)
Rose (z. B. Rosa rugosa *'Alba'*,
R. *'Iceberg'*)
Schneeglöckchen (Galanthus
officinalis)
Südseemyrte (Leptospermum sp.)
Tulpe (Tulipa)

Anemone
(Anemone sp.)

Gelb/Orange

Butterblume (Ranunculus sp.)
Chrysantheme (Chrysanthemum sp.)
Forsythie (Forsythia x intermedia)
Freesie (z. B. Freesia *'Rijnveld's Yellow'*,
F. *'Yellow River'*)
Gerbera (Gerbera)
Inkalilie (Alstroemeria sp.)
Krokus (z. B. Crocus angustifolius, C. *'Golden Yellow'*)
Lilie (z. B. Lilium *'Connecticut King'*,
L. *'Destiny'*)
Mimose (Acacia dealbata)
Mohnblume (z. B. Papaver atlanticum, P. orientale *'May Queen'*)
Narzisse (z. B. Narcissus *'February Gold'*,
N. *'Tête-à-Tête'*)
Primel (Primula aureata, P. auricula)
Sonnenblume (Helianthus sp.)
Sonnenhut (Rudbeckia sp.)
Taglilie (Hemerocallis sp.)
Tulpe (Tulip)
Wolfsmilch (Euphorbia polychroma)
Zaubernuß (Hamamelis mollis)

Sonnenblume
(Helianthus sp.)

Rosa/Rot

Akelei (Aquilegia vulgaris)
Anemone (z. B. Anemone blanda
'Radar', A. x fulgens)
Duftwicke (Lathyrus odorata)
Flieder (z. B. Syringa *'Belle de Nancy'*,
S. *'Clarke's Giant'*)
Gerbera (Gerbera)
Großes Löwenmaul (z. B. Antirrhinum majus
'Coronette', A. majus *'His Excellency'*)
Heliconie (Heliconia sp.)
Hyazinthe (z. B. Hyacinthus orientalis *'Amsterdam'*, H. orientalis *'Pink Pearl'*)
Kamelie (Camellia sp.)
Lisianthus (Eustoma grandiflorum)
Mohnblume (z. B. Papaver commutatum *'Ladybird'*, P. orientale *'Indian Chief'*)
Pfingstrose (Paeonia sp.)
Ranunkel (Ranunculus asiaticus)
Tulpe (Tulipa)

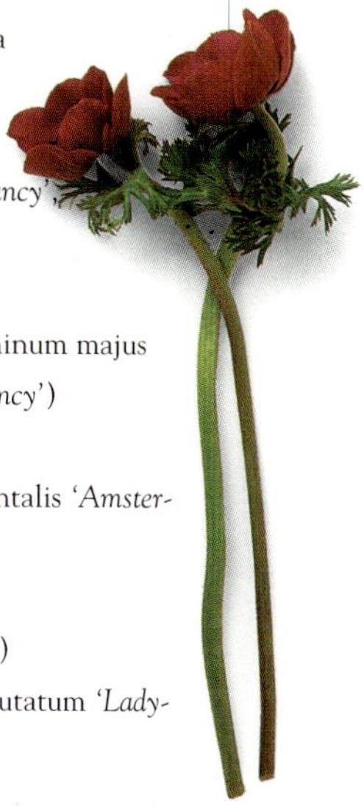

Anemone
(Anemone sp.)

Stiefmütterchen
(Viola sp.)

Blau/Lila

Anemone (Anemone sp.)
Clematis (z. B. Clematis 'Daniel Deronda',
C. 'Jackmanii')
Duftwicke (Lathyrus odoratus)
Eisenhut (Aconitum sp.)
Gartenprimel (Primula-Hybride)
Gemeines Hasenglöckchen (Hyacinthoides
non-scripta)
Hyazinthe (Hyacinthus orientalis '
'Blue Jacket', H. orientalis *'Ostara'*)
Iris (z. B. Iris *'Dreaming Spires'*,
I. latifolia *'Blue Giant'*)
Katzenminze (Nepeta x fassennii)
Kaukasusvergißmeinnicht
(Brunnera macrophylla)
Rittersporn (Delphinium x
belladonna, D. elatum *'Fenella'*)
Stiefmütterchen (Viola x
wittrockiana)

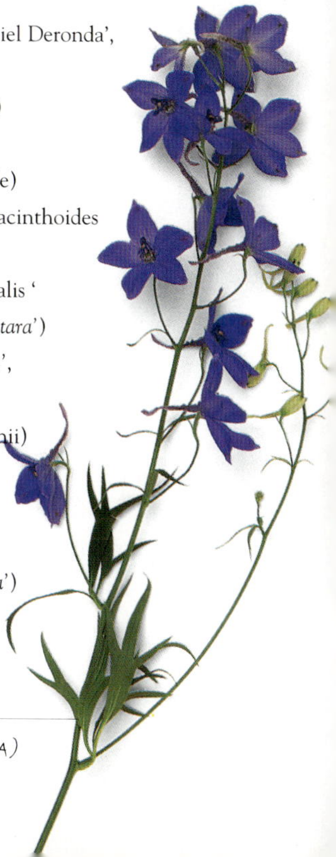

Rittersporn
(Delphinium x belladonna)

A

Afrikanisches Veilchen 39
Akelei 39
Amaryllis 35
Anemone 15
Apfel 43, 44
Aromatische Pflanzen 124
Artischocke 42
Asplenium scolopendrium 'Marginatum' 65
Aster 12, 16
Aurikel 9

B

Baldrian 39
Basilikum 36
Birne 45, 93
Blätter
  entfernen 118
    zugunsten von Früchten 118
  Blättermantel 25
Blattwerk, buntes 124
Blechgefäße 19
  Blechdose 18
  Blechkanne 18
  Blechvase 18
Blumen
  Blätter entfernen 118
    zugunsten von Früchten 118
  Blättermantel 25
  frische 66, 114, 116, 118
    Knospen öffnen 118
    präparieren 117
    Staubgefäße entfernen 118
    wieder auffrischen 117
    zum Trocknen binden 120
    zum Trocknen vorbereiten 122
  getrocknete 46, 56, 60, 61, 62, 66, 68, 69, 103, 115, 120
  künstliche 6, 9, 30, 32
    Pergamentpfingstrose 64
    Pergamentrose 64
    Seidenblumen 56, 61, 62, 65, 68
    Strohblumen 59
  stützen, mit Draht 118
Blumendraht 68
Blumeneimer 24
Blumenfarben 125
Blumenszene 61
Blüten, tote und beschädigte entfernen 118
Blutrote Johannisbeere 42
Borretsch 72
Brachyglottis 107
Breitblättriger Rohrkolben 52
Buche 32
Buchsbaum 84, 85
buntes Blattwerk 124
Butterblume 19

C

Cherrytomate 45
Chrysantheme 8, 13, 46, 48, 58
Clematis 45, 78
Containerpflanzen 9, 19, 36, 56, 61

D

Dahlie, getrocknet 111
Dattel 45
Diele 50, 54
Dill, echter 17
Dinner 78, 80
Drahtbefestigung für Früchte 122
Drahtgeflecht 19
Duft 95, 96, 107, 108
Duftende Pflanzen 124
Duftkugeln 93, 108

E

Eberraute 48
Echter Dill 17
Edeldistel 72
Efeu 9, 13, 14, 17, 34, 84, 86, 88, 89, 90, 92, 93, 98
  panaschierter 52
Efeubeere 35
Eiche 32
Eisenkraut 61
Emailleeimer 18
Emaillekanne 18
Erika 8
Eukalyptus 12, 17, 34, 56, 58, 64, 66, 68, 69

F

Farben 8, 12, 14f, 68, 125
  Beigetöne 13
  Blau 15
  Blautöne 16, 59
  Bronze 40
  Cremefarben 17
  Cremetöne 12
  Erdtöne 13
  Gelb 14
  Gold 35, 40
  Grau 107
  Grün 17, 35
  Hellgrün 15
  Kontraste 7
  Kontrastfarbe 14, 68
  Leuchtendes Blau 15
  Malventöne 16
  Palette 12
  Pfirsichfarben 17
  Pfirsichtöne 13
  Rosatöne 16, 59
  Rostfarben 40
  Rot 14, 35
  Terrakottatöne 13
  Türkis 15
  Weiß 12, 17, 107
Farn 65, 88
Feige 45
Fenster 30, 32, 36, 38
Feuerdorn 13, 42, 86, 90
  gelber 88
  roter 88
Flachssamen 69
Flaschenkürbis 42
Flieder 50, 104
Forsythie 50, 54
Frauenmantel 7, 33, 39, 72, 74, 76, 77, 80, 81, 104, 106, 107
Freesie 12, 14, 64
Frischblumen 8, 11, 39, 66, 114, 116, 118
  zum Trocknen vorbereiten 122
Früchte 86, 108
  getrocknet 123
Früchtekorb 45
Frühling 33, 60
Frühlingspastel 61
Fuchsschwanz 13, 52
Funkie 80

G

Gänseblümchen 61, 77
Gartenprimel 15
Gartenrose 7, 8, 76, 78, 104, 106
Gazanie 77
Gefäße 18
  Aluminium 19
  Blechgefäße 19
    Dose 18
    Kanne 18
    Vase 18
  Drahtgeflecht 19
  verzieren 24

Emailleeimer 18
Kanne 18
Glas 22f, 25
gefärbt 23
klar 22
Holz 22f
Keramik 20, 21f, 65
Topf 21
Vasen 21
Körbe 22, 23
Milchkännchen 21
Sauciere 21
Schachteln 23
Teedose 21
Terrakotta 20, 21f
Geißblatt 45, 90
Gerätschaften 114, 115
Gerbera 8, 14, 15, 17, 33, 77
Gerste 64
Gewürznelke 110
Ginster 16
Girlanden 66, 86
Glas 22f, 25
gefärbt 23
klar 22
Glockenblumen 39
Goldener Zierapfel 42
Goldrute 52, 54
Granatapfel 42, 43
Grundtechniken 116
Grünspan-Effekt 24

H

Hagebutte 42
Haselzweig 35
Herbst 40, 42, 43, 44, 50, 52
Herbstgold 61
Herbstzierde für die Treppe 52
Holz 22 f
Hopfenrebe 103
Hortensie 13, 32, 43, 59, 64
Hyazinthe 9, 104, 15, 54, 98
Traubenhyazinthe 96

I

Ilex 35, 86, 92
panaschiert 82, 84, 88, 93
Inkalilie 13, 52
Iris 15, 32

J

Japanische Mahonie 35
Jasmin 45
Sommerjasmin 33
Johannisbeere, blutrote 42
Johanniskraut 12, 52
Jungfer im Grünen 72

K

Kamin 64
Dekoration 62
Känguruhblume 13
Käse 45
Keramik 20, 21f, 65
Topf 21
Vasen 21
Kerzen 78, 79, 80, 82
Kiefer 86, 88, 89
Kirschblüte 33
Kirsche 43
Plastikkirschen 44
Knospen, verschlossene öffnen 118
Körbe 22, 23, 84, 96, 98, 100, 102, 119
abdichten 119
Kornblume 77
Korkenzieherhaselzweig 50
Korkenzieherweide 99
Kosmee 39
Kränze 66, 69, 70, 72, 88, 90, 92
duftend 70
Kräuter 36, 38, 59, 70, 72
Künstliche Blumen 9, 30, 32, 62, 64

L

Lärche 35, 88, 84
Lampionblume 93
Lauch 17, 59
Lavendel 7, 16, 20, 59, 60, 66, 72, 100, 102, 103, 108, 111
Liguster 32, 33
Lilie 12, 14, 33, 34, 95, 104
Limone 110
Lisianthus 13, 16, 17
Lorbeer 95, 104

M

Magnolie 15, 25
Mahonie, japanische 35
Mais 42
Majoran 20, 59, 69, 111
Mandarine 88, 89
Materialien 32, 52, 102, 113f
Meerlavendel 111
Milchstern 34
Mimose 14
Mohn 59
Mohnblume 32, 64
Moos 9, 26, 38, 72, 102
Nest 26
Muskat 110
Muskatellersalbei 72

N

Nachtnelke 39
Narzisse 8, 15, 17, 50, 99, 104, 119
Zwergnarzisse 60
Nelke 14, 108, 110
Nephrolepis exaltata 'Bostoniensis' 65

O

Orangen 93, 110, 122
Orchidee 16
Singapur 17

P

Papageientulpen 53
Pelargonie 17, 61, 80, 81
Pergamentpfingstrose 64
Pergamentrose 64
Perlpfötchen 72
Petersilie 36, 38
Pfingstrose 6, 32, 107
Pflanzen, aromatische 124
duftende 124
Piment 110
Plastikkirschen 44
Potpourri 108, 111
Preiselbeeren 92
Primel 119, 32

R

Raumausstattung 7, 11
Rautendrilling 104
Regal 60
Rittersporn 15, 111
Rohrkolben, breitblättriger 52
Rosen 16, 17, 59, 74, 75, 76, 80, 81, 95, 100, 103, 108, 111
'Celsiana' 106
'Chapeau de Napoléon' 106
'Dublin Bay' 106
'Duc de Guiche' 106
Gartenrose 8, 78, 104, 106

getrocknet 20, 93, 102
'Iceberg' 76
Knospe 32
'Sander's White Rambler' 76
Schnittrose 34

S

'Safari Sunset' 48
Saflor 15, 77
Saisonpflanzen 125
Salbei 36, 38, 45, 72
Schafgarbe 64
Schlehdorn 35
Schlehenbeeren 8
Schlehenzweig 42
Schleierkraut 19
Schleife binden 123
Schlüsselblume 20
Schmucklilie 8, 48
Schneeball 8, 34, 48
Schneebeeren 90
Schnittblumen 116
Schnittrose 34
Schrank 56, 59
Schwertfarn 13
Seidenblumen 53, 56, 58, 61, 62, 64, 65, 68
Seidenrosen 56, 58
Seidentulpen 53
Silberbaum 17, 48
Singapur-Orchidee 17
Sommer 34, 45
Girlande 75
Jasmin 33
Sonnenblume 13, 52, 65
Standort 8, 29f
Sterndolde 39
Stiefmütterchen 19, 20, 39, 49, 60, 78, 80, 81
Stiele flachklopfen 117
Stoffvase 27
Stranddistel 12, 15
Strohblumen 59
Stütztechniken mit Draht 122

T

Tannenzapfen 82, 84, 85, 86, 123
Tausendschönchen 61
Terrakotta 20, 21f, 49, 54, 56, 58, 61, 65, 86, 123
Terrakottatöne 13
Thymian 59
Tischdekoration 46, 48, 49, 74, 76, 78, 80, 82, 84
Tischgesteck 40, 43
Tomate, Cherry- 45
Topfpflanzen 65, 119
Trachelium 17
Traube 45
Traubenhyazinthe 96
Treppe 50, 52
Treppenfenster 53
Trockenblumen 6, 8, 11, 22, 46, 50, 56, 59, 60, 61, 62, 66, 68, 69, 103, 115, 120
Aufbewahrung 120
Trockenrosen 20, 102
Trockenfrüchte 123
Trockentechniken mit Draht 122
Tulpe 13, 14, 15, 17, 46, 54
Papageientulpe 53
Seidentulpe 53

V

Veilchen, afrikanisches 39
Veilchenwurzel 110, 111
Verschlossene Knospen öffnen 118

W

Weidenkätzchen 16, 96, 98
Weidenkorb 23, 49
Weidenrute 50
Weidenzweige 8, 99
Weihnachten 86, 88, 90
Weizen 64
Wiesenkerbel 19
Winter 35, 82, 84
Winterbeere 61
Wolfsmilch 60

Z

Zaubernuß 35, 95, 104
Zentifolie 32
Zierapfel 13, 33
goldener 42
Ziergras 32
Zimmeraralie 82, 84
Zimt 108, 110
Zitrone 110
Zittergras 17
Zweige bündeln 123
Zwergchrysantheme 15
Zwergmispel 35, 86
Zwergnarzisse 60
Zwiebelblumen 23, 96

NACHWEISE

Die Autorinnen möchten folgenden Personen und Firmen herzlich für die kräftige Mithilfe bei diesem Buchprojekt danken:
Mike Newton und seinem Assistenten Richard Smith für die großartigen Fotografien; Debbie Mole für die Gestaltung des Buchs; Leeann Mackenzie für Unterstützung bei Stilfragen; Gabrielle Townsend und dem Team von Phoebus Editions für das Producing; Catherina Mannerfelt, Mike Newton und Irena Hamilton für Aufnahmen in ihren Häusern, und Catharina zusätzlich für Leihgaben aus ihrem Geschäft, The Blue Door, 74 Church Road, Barnes, London SW13 0DQ.
Dank auch an Broadway Florists, 155 Heath Road, Twickenham, Middlesex, TW1 4BH, sowie an Conservatory Flower Shop, 13 Brewers Lane, Richmond, Surrey TW9 1HH für all die Blumen.